APPRENONS EN JOUANT

Ray Gibson

Illustrations :
Simone Abel, Lucy Su et Kim Blundell

Maquette :
Lindy Dark et Non Figg

Rédaction : Paula Borton

Traduction : Christine Sherman

Sommaire :

Imprimé au Portugal.

AMUSONS-NOUS ENSEMBLE

JOUONS A LIRE

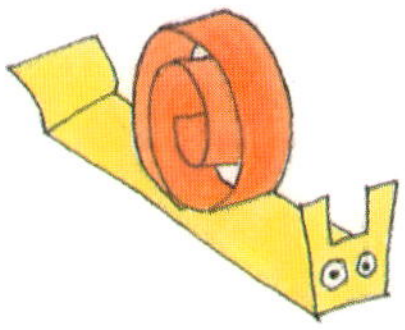

Ray Gibson

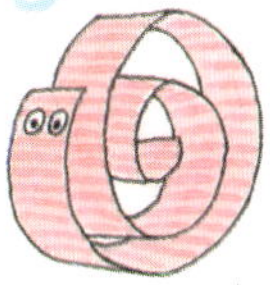

Illustrations : Simone Wood, Lucy Su
et Kim Blundell

Maquette : Non Figg et Lindy Dark

Rédaction : Paula Borton

Directrices de la collection :
Robyn Gee et Jenny Tyler

Photographie : Ray Moller

Traduction : Christine Sherman

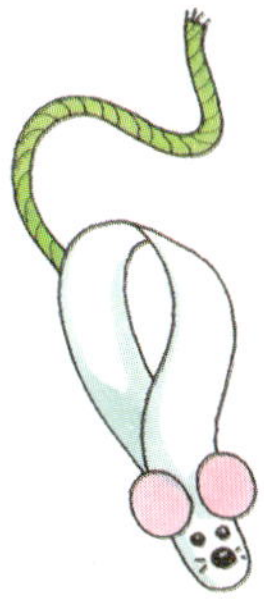

En jouant avec les mots et les lettres, parents et enfants peuvent découvrir ensemble le plaisir de lire. Ce livre apporte une foule d'idées et de projets amusants. Il permet un apprentissage de base de la lecture et une prise de conscience des nombreux usages de la langue écrite et parlée dans la vie quotidienne.

Imprimé au Portugal.

Premiers pas vers la lecture

L'apprentissage de la lecture par des jeux auxquels ils participent activement permet aux enfants de commencer à lire dans une atmosphère détendue et informelle, en visualisant souvent un nombre limité de lettres ou de mots, sans que cela devienne répétitif ou ennuyeux.

Les jeux de ce livre aideront votre enfant à reconnaître l'alphabet, puis des mots entiers, à apprendre que les lettres représentent des sons et à comprendre que les mots sont faits de groupes de lettres. En fabriquant avec vous le matériel nécessaire, il devra dessiner et peindre des lettres, manipuler des alphabets en plastique, et se familiarisera ainsi avec le nom de chaque lettre. Écrivez tous les mots, sauf les noms propres, en lettres minuscules. Une fois que votre enfant a une connaissance générale de l'alphabet, vous pouvez lui enseigner petit à petit le son produit par chaque lettre. Ne vous pressez pas, certaines règles de prononciation peuvent être déroutantes, comme dans le cas du «g» dans «girafe» et dans «garage».

Votre enfant doit s'amuser. Ne le forcez pas à jouer, félicitez-le et encouragez-le.

Connaissances de base

L'apprentissage de la lecture est un processus complexe, reposant sur l'interaction de nombreuses compétences différentes : savoir parler et écouter avec attention, assimiler et comprendre des informations, être capable de se concentrer, d'observer et d'interpréter des images.

Les enfants doivent également avoir une connaissance pratique du monde autour d'eux et réaliser que ceci les aide à interpréter ce qu'ils lisent et enrichit leur imagination.

Lire ensemble

La meilleure façon d'aider votre enfant à apprendre à lire, et aussi la plus simple, est de lire avec lui. Les jeux sont une activité éducative complémentaire, qui est bâtie sur les connaissances et l'assurance de l'enfant, tout en les renforçant.

Regarder des livres ensemble, les commenter et les lire constitue l'encouragement le plus important que vous puissiez donner à votre enfant. En développant ses connaissances, il apprend que la lecture peut être une source de plaisir et de savoir et est alors d'autant plus motivé pour apprendre à lire.

Observer et commenter un livre d'images permet d'éveiller son intérêt pour la lecture. Choisissez des scènes comme celle ci-dessous, qui racontent une histoire et fourmillent de détails et d'action ; cet exercice préparera votre enfant à lire des histoires avec un texte.

Lire tout haut

Lire des livres aux enfants étend leur vocabulaire et développe leur compréhension, en améliorant leurs capacités d'écoute et de concentration.

On sait maintenant qu'un enfant ayant du mal à reconnaître les mots qui riment aura des difficultés à apprendre à lire, d'où l'importance des comptines et de la poésie enfantine.

Les enfants adorent qu'on leur raconte une histoire, même s'ils ne la comprennent pas complètement. Ils s'attachent rapidement à certains contes et veulent les entendre encore et encore. Lorsqu'une histoire leur devient très familière, ils cherchent souvent à participer à sa lecture, en particulier en récitant les phrases rythmées

a b c d e f g h i j k l m

Les suites d'images sont parfaites pour montrer comment une histoire est construite.

et mélodieuses. Ils peuvent faire semblant de lire en tenant le livre et en se racontant l'histoire avec leurs propres mots, ou même en mimant les différents personnages.

Parlez de l'histoire avec votre enfant. Elle peut lui inspirer un dessin : demandez-lui de vous le décrire et de vous expliquer l'événement qu'il représente, ainsi que ce qui vient de se produire et ce qui va arriver, afin de lui donner une première notion d'ordre chronologique.

Apprendre à se servir des livres

Un enfant qui a l'habitude des livres possède déjà quantité d'informations utiles pour apprendre à lire. Il comprend, par exemple, que l'on commence par la page de couverture et que l'on procède page par page jusqu'au dos du livre, que chaque page est lue de haut en bas et de gauche à droite. Laissez-le tourner les pages pour qu'il s'habitue à le faire dans le bon sens. Suivez les mots du doigt afin de développer les automatismes visuels de lecture, de haut en bas et de gauche à droite.

Observer les images

Les enfants qui ont souvent l'occasion de regarder des images, et d'en parler, apprennent à les «lire» pour savoir ce qu'elles représentent. Cette activité est très utile à l'apprentissage de la lecture, car les indications données par les images encouragent l'enfant à déchiffrer les mots écrits en dessous. Lorsque vous lisez un livre ensemble, posez des questions sur ses illustrations et demandez à votre enfant ce qu'elles racontent. Faites-lui trouver des objets particuliers ou les événements qui ont précédé et suivront la situation représentée.

Inventer des histoires

Inventez vos propres histoires ou composez-les avec votre enfant par un jeu de questions-réponses. Ceci permet de «coller» à ce qui l'intéresse et de mieux lui faire comprendre ce qui constitue un récit.

Les mots autour de vous

Une fois que votre enfant a appris à apprécier histoires, comptines et jeux de mots, vous pouvez l'aider à prendre conscience de l'écrit et de son utilité dans toutes sortes de situations quotidiennes où vous vous servez de la lecture et de l'écriture pour obtenir et donner des informations.

Apprendre à reconnaître et même à écrire son propre nom est une étape importante. Elle permet d'établir l'idée qu'un groupe de lettres donné signifie la même chose quelle que soit la personne qui le lit. Écrivez des messages et des étiquettes pour votre enfant. Faites ensemble vos propres livres sur les choses que vous aimez et soulignez ainsi le lien étroit qui existe entre l'écriture et la lecture.

Jouer avec des lettres et des mots peut constituer un élément agréable de l'apprentissage de la lecture. Des jeux tels que la fabrication de cartes de loto, la pêche de lettres aimantées et la construction d'un alphabet mural associent lecture et écriture et permettent à votre enfant de découvrir le monde des livres et des mots imprimés, tout en s'amusant.

n o p q r s t u v w x y z

La pêche aux lettres

Il vous faut :

- un jeu de lettres minuscules aimantées, en plastique
- une paille en plastique par joueur
- de la ficelle
- des trombones en métal
- des ciseaux à bouts ronds
- du ruban adhésif
- une règle

Fabrication des cartes

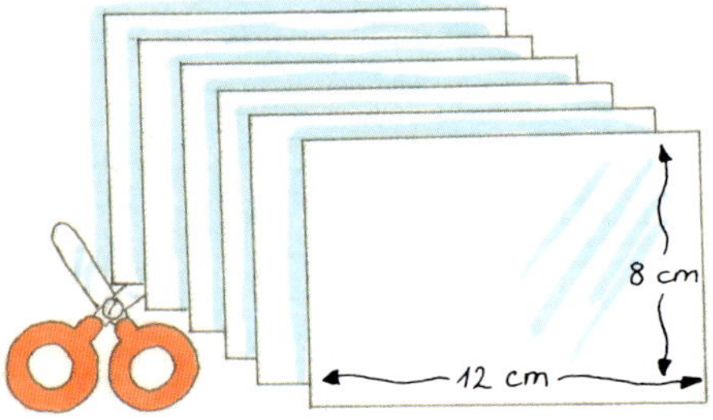

Découpez le papier bristol en six rectangles de 12 cm sur 8 cm.

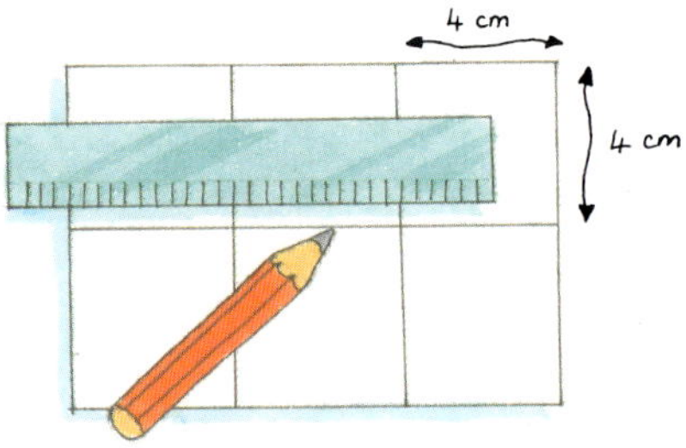

Avec un crayon, divisez chaque carte en six carrés.

Notes pédagogiques

Ce jeu de reconnaissance des lettres de l'alphabet permet à votre enfant de se familiariser avec leur nom et leur forme. N'oubliez pas d'annoncer chaque lettre que vous pêchez.

Dessinez une grande lettre au crayon dans chacune des cases, en vous servant des cartes ci-dessus comme modèles. Puis repassez au feutre.

Fabrication des cannes à pêche

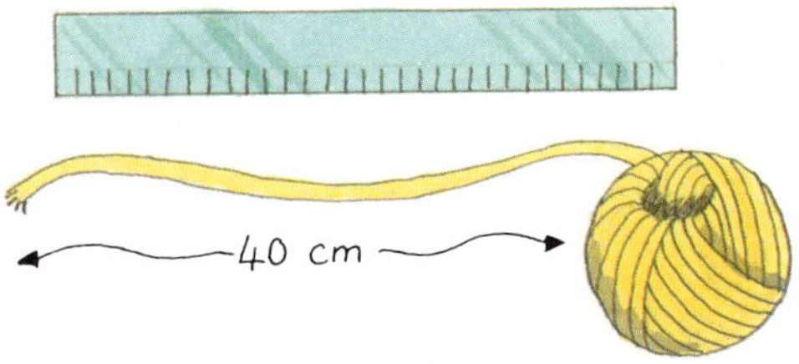

Coupez un morceau de ficelle de 40 cm de long pour chaque paille.

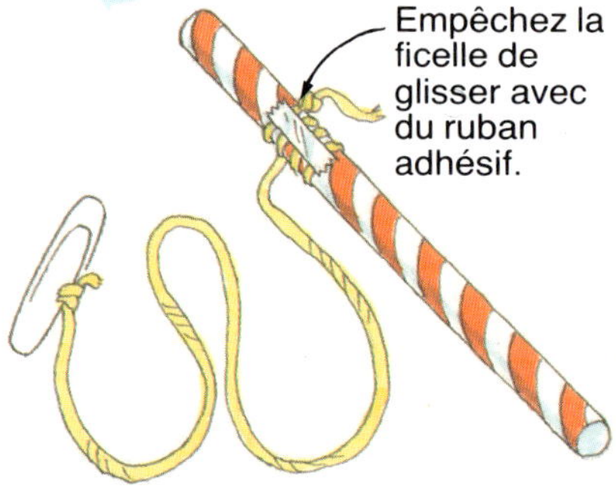

Nouez un bout de la ficelle au trombone en métal. Enroulez l'autre bout autour de la paille. Faites un nœud.

Quelques conseils

- Pour que les lettres soient plus faciles à reconnaître, dessinez-les d'à peu près la même taille que les lettres aimantées.
- Numérotez chaque carte au verso pour être sûr d'en recevoir une différente à chaque partie.

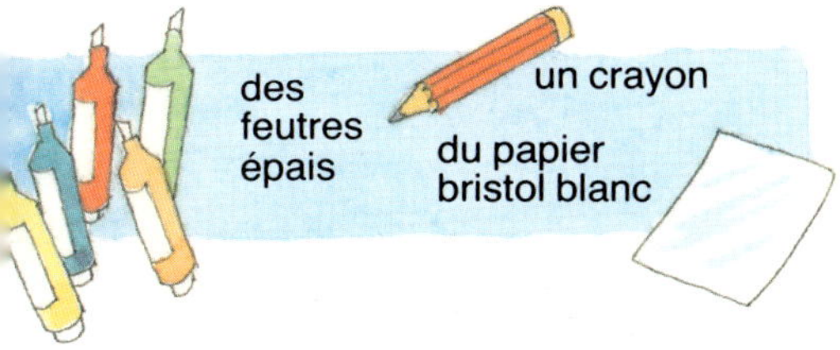

Autres idées

Lorsque votre enfant est familiarisé avec les minuscules, essayez de jouer avec les lettres capitales, ou un mélange des deux.

Si vous ne trouvez pas de lettres capitales aimantées, faites vos propres lettres en papier et fixez-y un trombone avec du ruban adhésif.

Posez les lettres à l'envers. Servez-vous d'une lettre aimantée attachée à une paille comme «canne à pêche».

Règle du jeu

Chaque joueur a une carte et une canne à pêche. Posez les lettres aimantées à l'envers, en les espaçant.

Chaque joueur pêche une lettre à son tour et regarde si elle correspond à une lettre de sa carte. Il la pose sur la forme dessinée, sinon il la remet dans le jeu. Le premier joueur qui remplit sa carte de lettres en plastique a gagné. Une fois que le jeu est bien compris, on peut y jouer avec trois cartes à la fois.

Messages

Laissez des petits messages à votre enfant sur la porte du réfrigérateur, tels que «regarde sous le lit». Cachez-y une «récompense» à son intention.

Le gardien paresseux

Un matin, tous les 

du  commençaient à

avoir très faim. Le 

brillait depuis longtemps,

mais le  n'avait pas

apporté leur petit déjeuner !

Où était-il ?

Il dormait à poings fermés dans son  !

« Où sont mes  ? demandait le .

– Et où est ma 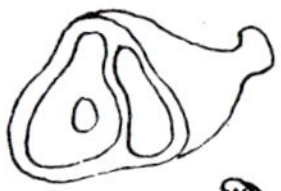 ? rugissait le .

– Et mes jolies  jaunes ? » criait le ,

en se balançant sur son .

Enfin, le  arriva au . Il mit ses

 et prit ses  derrière la 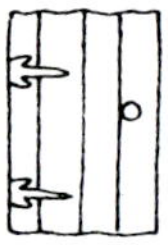.

Puis il partit chercher des  dans un .

Notes pédagogiques

Certains mots de cette histoire sont remplacés par des dessins. En nommant les images au fur et à mesure du texte, votre enfant pourra ainsi participer activement à sa lecture.

Avant de commencer, décrivez ensemble chaque image. A la fin de votre lecture, parlez de l'histoire, essayez par exemple de deviner comment le gardien a été délivré.

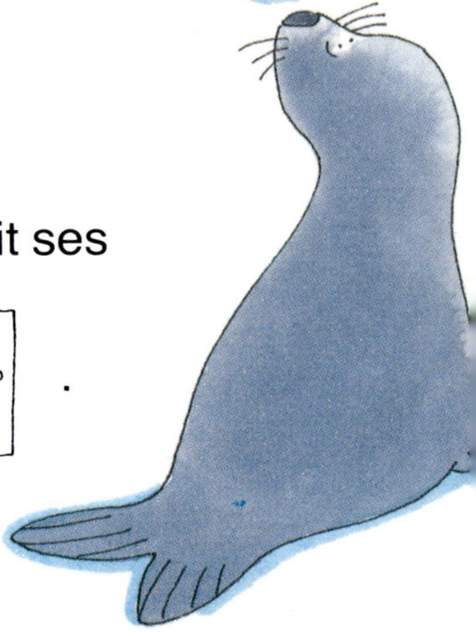

De tous les , le  était le plus affamé, le plus en colère... et le plus vilain ! Il vola les  dans la 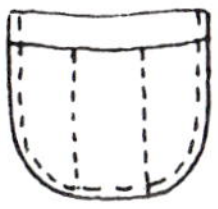 de la veste du gardien, puis il courut ouvrir aux  !

«Où est notre petit déjeuner ?», dirent-ils, en partant à la poursuite du  qui se réfugia dans une 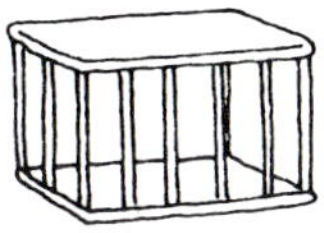 vide et claqua la 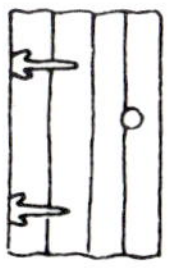 derrière lui. Seule une petite  prit pitié de lui et se glissa à travers les  pour lui tenir compagnie jusqu'à ce que les secours arrivent.

«A partir de maintenant, je vais mettre trois  à côté de mon lit, dit le , et je ne serai plus jamais en retard !»

Et il ne le fut plus jamais.

Autres idées

Faites ensemble une affiche pour la chambre de votre enfant. Servez-vous d'images découpées dans un magazine. Vous pouvez écrire un texte comme celui-ci :

«Ceci est ma chambre. Elle contient un  et des . J'ai des  bleus à ma fenêtre...», etc.

Vous pouvez aussi inventer votre propre histoire sur un chien à la poursuite d'un chat. Construisez le récit ensemble, en posant des questions comme «Où était le chat ?», «Qu'est-ce qu'il faisait ?»

La course de l'étang aux nénuphars

Il vous faut :

du papier vert

des ciseaux à bouts ronds

un grand sac en papier

un feutre noir

Notes pédagogiques

Reconnaître des mots peu familiers, notamment hors contexte, est quelquefois difficile. Une méthode utile, à laquelle ce jeu permet de s'exercer, est de prononcer d'abord la première lettre.

Fabrication de la grenouille

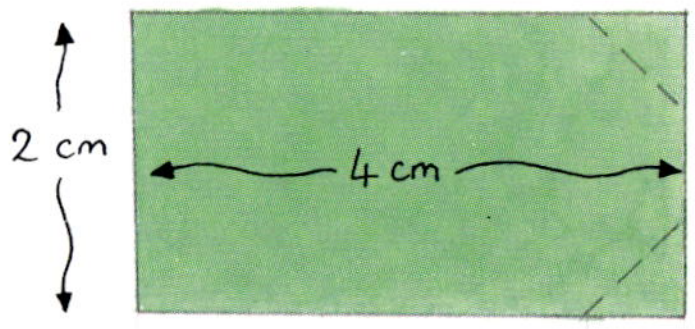

Découpez un rectangle de papier vert de 4 cm sur 2 cm. Coupez les angles d'un côté.

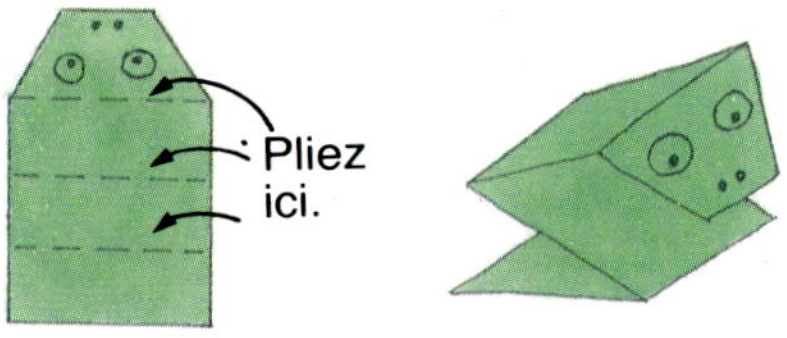

Dessinez le nez et les yeux. Faites trois plis comme illustré, puis pliez le corps de la grenouille pour l'asseoir.

Fabrication de la chenille

Découpez un autre rectangle de papier de 1 cm sur 7 cm. Faites une queue pointue et une tête ronde.

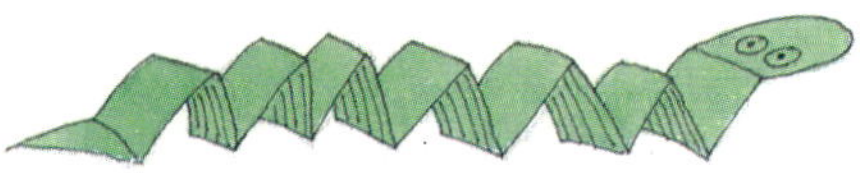

Pliez le papier en accordéon. La queue doit rester à plat. Dessinez les yeux.

Fabrication des cartes

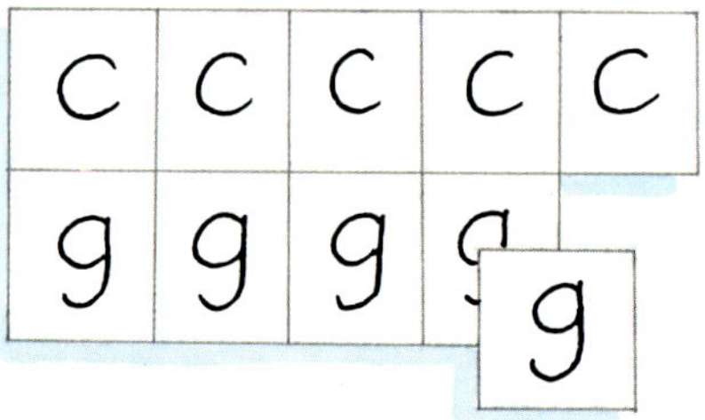

Découpez le carton blanc en 10 carrés de 2 cm de côté. Écrivez «c», pour chenille, sur cinq carrés et «g», pour grenouille, sur les cinq autres.

Règle du jeu

Placez les cartes dans un sac en papier et secouez-le. Chaque joueur prend une carte à son tour et annonce la lettre représentée. Si c'est un «c», la chenille avance d'une case vers l'étang. La grenouille se déplace lorsque le «g» apparaît. Le premier à atteindre l'étang a gagné.

Votre enfant peut aussi jouer tout seul en faisant faire la course à la chenille et à la grenouille.

Autres idées

Vous pouvez fabriquer d'autres petits animaux en papier pour apprendre d'autres sons. Faites des cartes correspondant aux nouvelles lettres.

Escargot

Collez une «coquille» en papier.

Papillon

Découpez sa forme dans une feuille de papier pliée.

Ver

Enroulez une bande de papier et fixez le bas de la spirale avec du ruban adhésif. Dessinez les yeux.

Abeille

Dessinez et découpez une abeille de papier.

Des souris et du fromage

Il vous faut : du papier rose, une règle, du ruban adhésif, un feutre noir, des bouts de laine, des ciseaux à bouts ronds, du papier blanc, du carton mince blanc, un bâton de colle, un crayon

Fabrication des souris

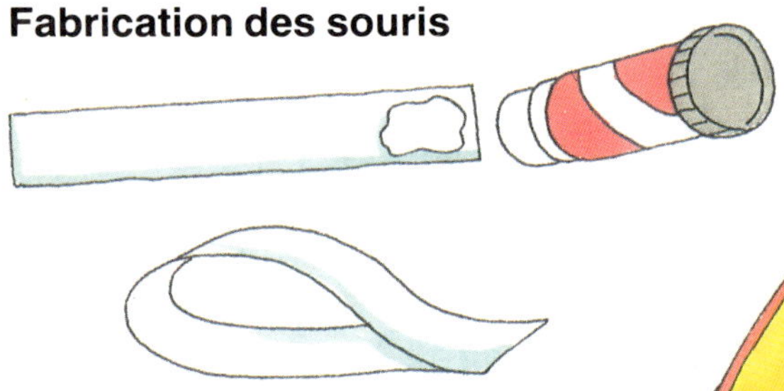

Découpez une bande de papier de 1,5 cm sur 7 cm. Recourbez-la et collez ensemble les deux extrémités, sans plier.

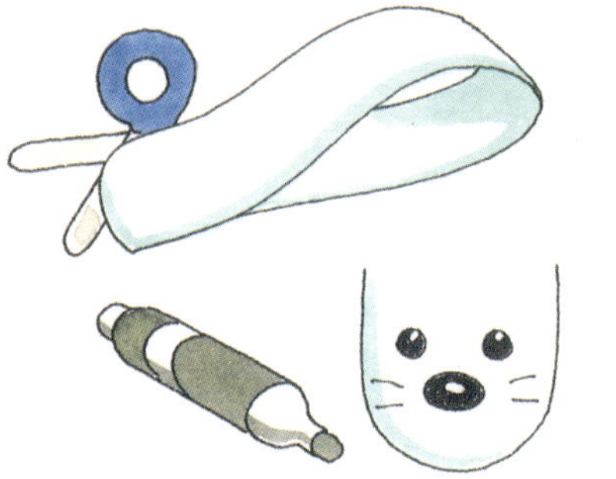

Découpez les angles pour les arrondir. Dessinez une tête de souris avec le feutre noir.

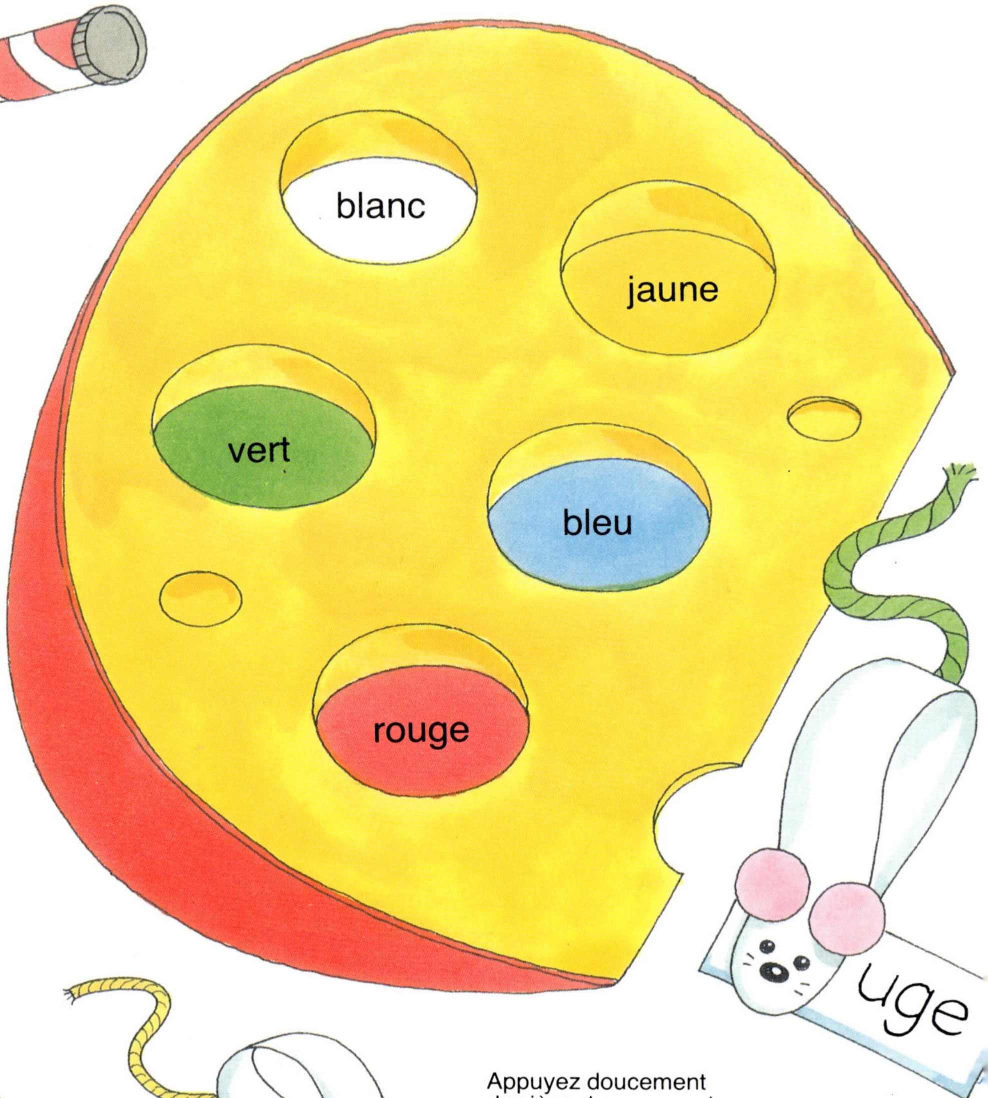

Pliez un morceau de papier rose en deux et découpez deux oreilles. Collez-les de telle façon qu'elles pointent. Faites 10 souris au total.

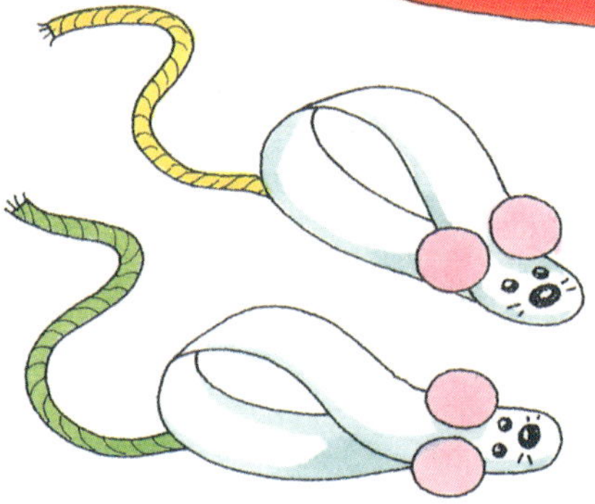

Pour les queues, collez des morceaux de papier de couleur ou des bouts de laine, comme illustré.

Appuyez doucement derrière chaque souris pour arrondir son dos.

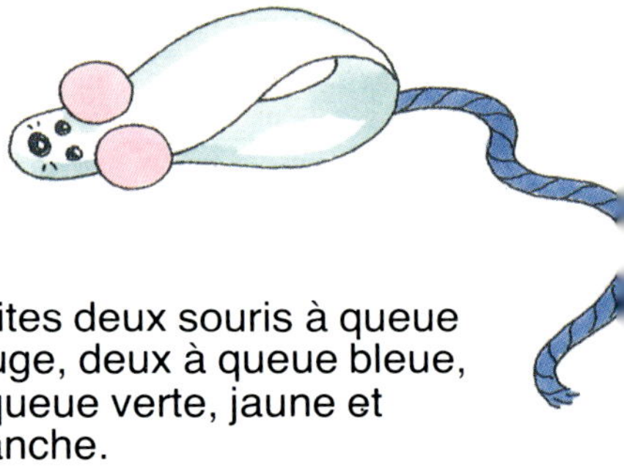

Faites deux souris à queue rouge, deux à queue bleue, à queue verte, jaune et blanche.

Notes pédagogiques

Dans ce jeu de mariage, votre enfant doit reconnaître les noms des différentes couleurs. Vous pouvez, si vous préférez, utiliser des boutons à la place des souris.

Fabrication des cartes

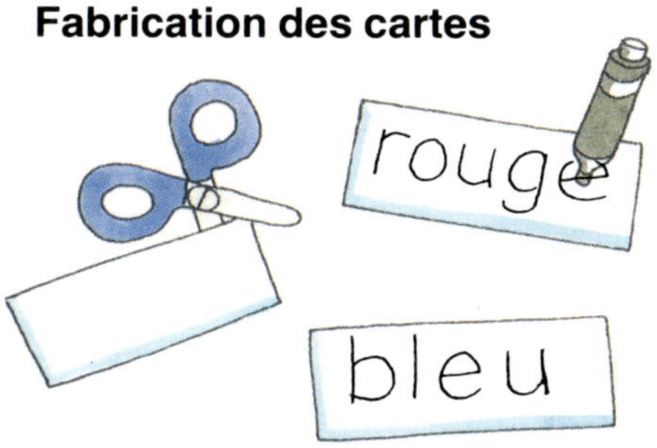

Faites dix cartes de 3 cm sur 6 cm. Écrivez «rouge», «bleu», «blanc», «jaune» et «vert» sur chaque paire de cartes.

Règle du jeu

Ce jeu se joue à deux. Chaque joueur reçoit une souris de chaque couleur de queue et choisit l'un des fromages de la double page.

Étalez les cartes à l'envers entre les joueurs. Chacun choisit une carte à son tour et la lit. Si elle indique, par exemple, «rouge», la souris à queue rouge est placée sur le trou marqué «rouge» du fromage du joueur concerné. Si le trou est déjà occupé, la carte est remise en jeu. Changez les cartes de place entre chaque tour. Le premier qui remplit tous les trous de son fromage a gagné.

Plus tard, vous pourrez couvrir les trous avec des ronds de papier d'autres couleurs. Faites des queues de souris assorties.

Allons faire les courses

Il vous faut :

un jeu de lettres minuscules en plastique (par exemple des lettres aimantées)

un sac en papier

Quelques conseils

• Plus tard, vous pourrez utiliser des lettres capitales.

• Si vous tirez un «u», cherchez plutôt un mot se terminant par cette lettre, comme «chapeau». Si c'est trop difficile, sortez la lettre du sac.

Règle du jeu

Mettez les lettres dans un sac. Chaque joueur tire une lettre et l'annonce. Puis il regarde ce qu'il peut «acheter» en cherchant un objet dont le nom débute par cette lettre. Vous pouvez mettre des pions sur vos «emplettes».

Notes pédagogiques

Ce jeu encourage votre enfant à se servir de la première lettre pour reconnaître les mots. Parlez des objets en regardant l'image, pour qu'il soit capable d'en identifier le plus possible par leur nom. S'il souhaite tous les nommer, commencez par l'étagère en haut à gauche et continuez de gauche à droite en descendant, comme pour lire.

Autres idées

Avec l'image seulement
Jouez aux objets cachés. Un joueur choisit une première lettre et les autres doivent deviner de quel objet du dessin il s'agit.

En vous servant des lettres et des objets autour de vous
Répartissez les lettres dans la pièce. Les joueurs doivent deviner si elles sont bien placées : par exemple, ils doivent déplacer le «c» posé sur la table et le mettre sur la chaise. Ce jeu est plus amusant en temps limité.

Avec l'image et des cartes
Sur des cartes, écrivez les deux premières lettres d'objets à trouver, par exemple «di», pour dinosaure.

Araignées et gouttières

Il vous faut :

- de la laine
- de la colle blanche
- des ciseaux à bouts ronds
- du papier épais
- des cure-pipes
- un morceau de papier blanc
- une raclette à colle
- du ruban adhésif
- un feutre noir

Fabrication des araignées

Coupez un cure-pipe en deux et mettez-le en boule. Rentrez les bouts pointus à l'intérieur.

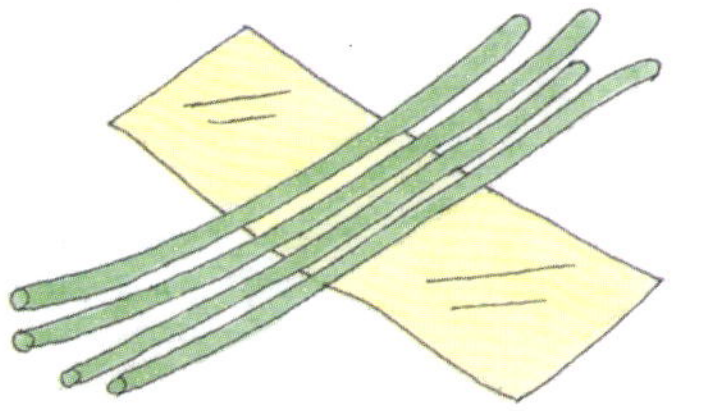

Coupez quatre bouts de laine de 10 cm de long. Posez-les côte à côte sur un morceau de ruban adhésif.

Mettez la boule sur le ruban adhésif, en appuyant fort pour bien la coller, et découpez ce qui dépasse.

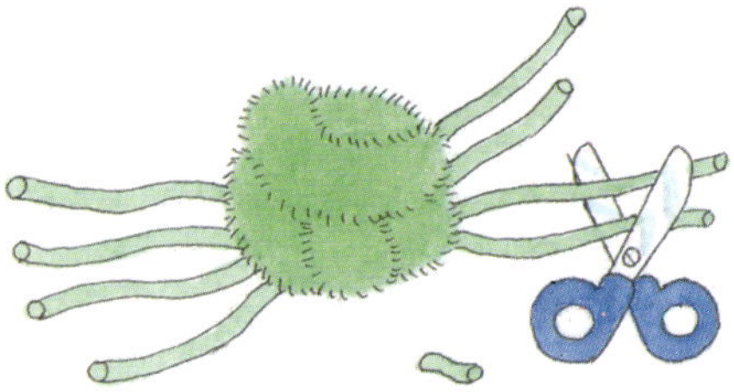

Coupez les pattes de la même longueur de chaque côté, soit environ 3 cm.

Découpez des yeux dans du papier blanc. Collez-les sur la tête et dessinez les pupilles avec le feutre. Faites une araignée par joueur.

Fabrication des cartes

Découpez 8 cartes en bristol blanc de 4 cm sur 6 cm. Écrivez clairement «haut» sur quatre d'entre elles et «bas» sur les autres.

Notes pédagogiques

Ce jeu aide votre enfant à lire globalement des mots simples. Une fois que «haut» et «bas» lui sont devenus familiers, vous pouvez ajouter trois cartes «stop». Lorsqu'une carte «stop» est retournée, l'araignée passe un tour. Plus tard, vous pourrez créer des cartes «avancer d'une case» et «reculer d'une case», puis «avancer de deux cases», «reculer de deux cases» etc. jusqu'à quatre. N'augmentez le nombre de cases que d'une à la fois.

Règle du jeu

L'objet du jeu est d'être le premier à atteindre la toile d'araignée.

Mélangez les cartes «haut» et «bas» et empilez-les devant les joueurs.

Pour commencer, mettez les araignées sur le tonneau.

Le premier joueur jette le dé. L'araignée se déplace du nombre de cases indiqué par le dé. Puis c'est au tour du joueur suivant et ainsi de suite.

Si l'araignée arrive sur un carré de brique situé à l'embranchement de deux gouttières, le joueur prend la première carte de la pile et lit l'instruction donnée. S'il lit «haut», l'araignée doit prendre la gouttière du haut. Si la carte retournée dit «bas», l'araignée descend. La carte est ensuite placée sous la pile.

Pour jouer, il vous faut :

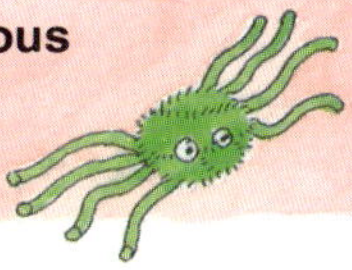

une araignée par joueur

un dé

8 cartes

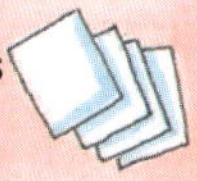

Conseil

A la place d'araignées «cure-pipes», chaque joueur peut dessiner une araignée sur une carte de bristol.

Le loto

Il vous faut :

- du papier bristol de couleur
- du papier bristol blanc
- un feutre épais noir
- un sac en papier
- des ciseaux à bouts ronds
- un jeu de lettres en plastique

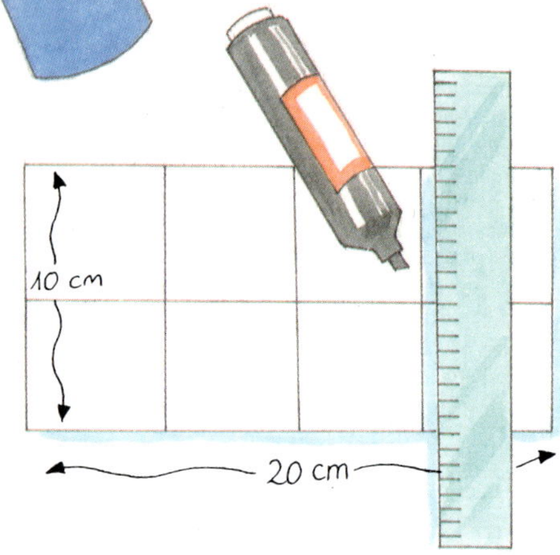

Découpez le papier bristol blanc en quatre rectangles de 10 cm sur 20 cm. Dessinez huit carrés sur chaque rectangle.

Dans des magazines, découpez des images de moins de 5 cm de côté. Choisissez-les de façon à avoir un échantillonnage varié de premières lettres.

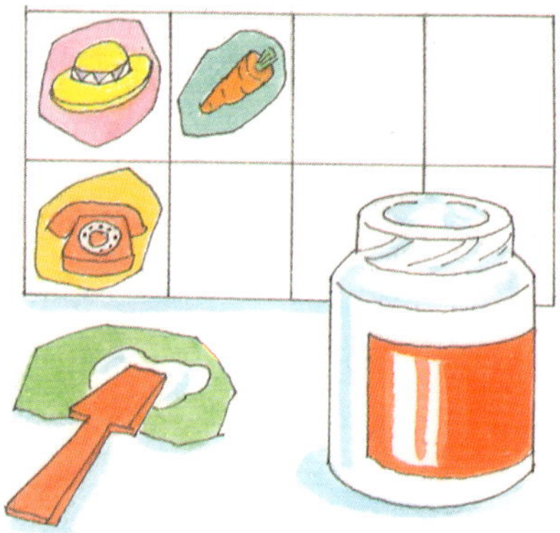

Collez une image sur chaque case.

Laissez sécher les cartes. Pendant ce temps, fabriquez les pions.

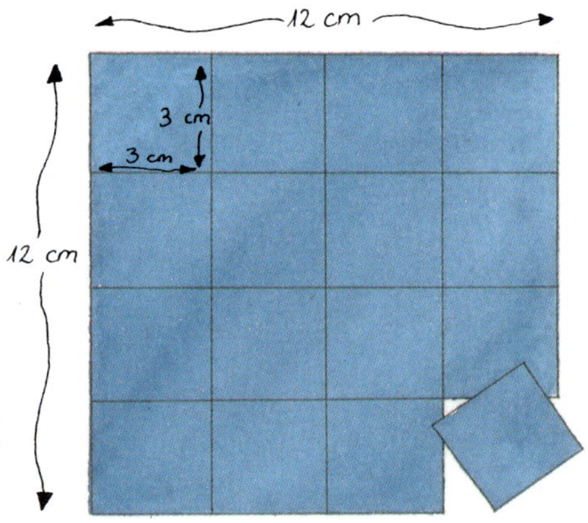

Découpez un carré de papier de couleur de 12 cm de côté. Puis divisez-le en carrés de 3 cm de côté. Découpez-les pour faire les pions.

Quelques conseils

- Faites davantage de pions s'il y a plus de deux joueurs.
- Vous n'avez pas besoin d'être très précis lorsque vous nommez vos images : «carotte» peut être «légume» et «lapin», «animal».
- Pendant que vous découpez et collez les images, décrivez ce qu'elles représentent en insistant sur le son de la première lettre.

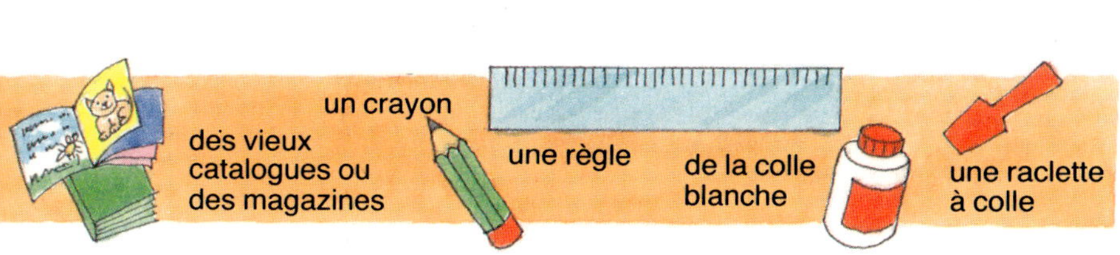

Notes pédagogiques

Ce jeu très amusant aide votre enfant à reconnaître les lettres et les sons qu'elles représentent. Il développe aussi ses capacités d'écoute et de concentration.

Règle du jeu

Mettez les lettres en plastique dans un sac. Retirez les lettres en plusieurs exemplaires pour n'avoir que les 26 lettres de l'alphabet.

Les joueurs ont chacun une carte blanche et huit pions. Chacun tire une lettre à son tour et l'annonce. Si l'un des mots illustrés commence par la même lettre, couvrez l'image correspondante avec un pion.

Remettez la lettre dans le sac. Le premier joueur qui complète sa carte a gagné. Changez de carte à chaque partie.

Autres idées

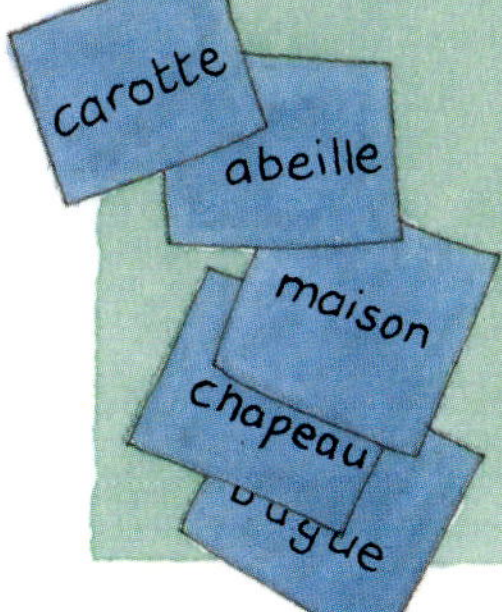

Loto des mots

Plus tard, vous pourrez transformer ce jeu en jeu de lecture, avec des cartes de noms à la place des pions. Empilez les cartes à l'envers. Au fur et à mesure que vous les retournez, recouvrez les images avec les mots correspondants.

Loto des couleurs

Jouez au loto des couleurs en faisant des cartes de six cases seulement, chacune d'une couleur différente. Écrivez le nom des couleurs sur de petits carrés et mettez-les dans un sac. Les joueurs essaient alors de marier les couleurs et les mots.

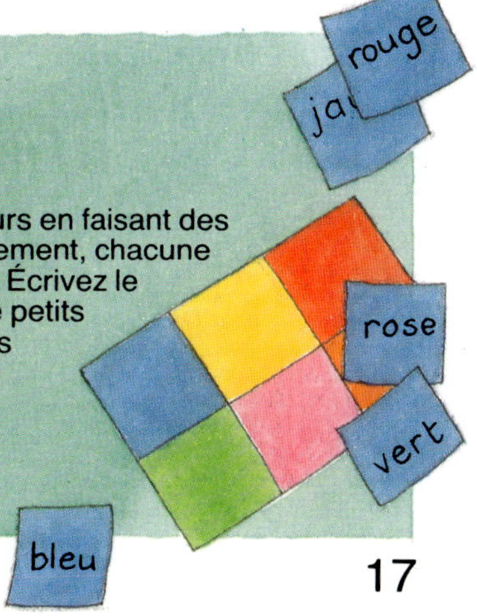

Mon jardin à la campagne

Il vous faut :

- du carton mince blanc
- du papier de couleur
- des ciseaux à bouts ronds
- une règle
- un crayon
- un feutre noir

Fabrication des cartes et des pions

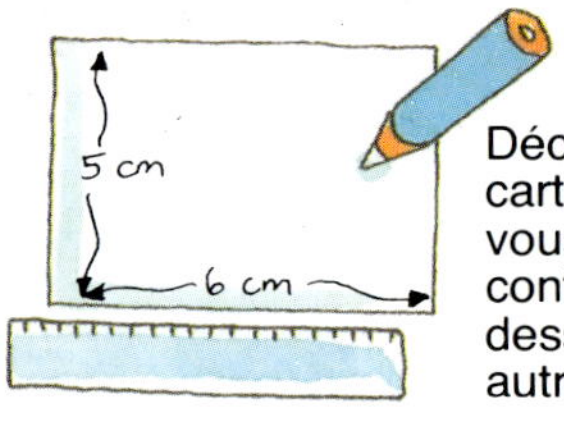

Découpez une carte et servez-vous de son contour pour dessiner les autres.

Avec un crayon et une règle, découpez 20 cartes de 6 cm sur 5 cm dans le carton blanc.

Sur les 16 premières cartes, écrivez l'un des mots de l'image. Dessinez un ballon sur les autres cartes. Elles serviront de jokers.

Découpez 16 pions de 2 cm sur 3 cm dans du papier de couleur.

Notes pédagogiques

Ce jeu de mariage de mots est un moyen amusant de faire reconnaître des mots simples à votre enfant en se servant des images. Il développe aussi sa mémoire et ses facultés de concentration.

Règle du jeu

Ce jeu se joue à deux. Chaque joueur choisit un côté de la double page : le champ ou le jardin.

Posez les cartes en rang, à l'envers, entre les joueurs. Le premier retourne une carte et la lit. S'il trouve le même mot écrit sur sa page, il le recouvre d'un pion et laisse la carte découverte. Sinon, il repose la carte à l'envers. L'autre personne joue à son tour et ainsi de suite. Si la carte retournée est un joker, le joueur passe son tour. Les jokers ne sont pas remis à l'envers. Le premier joueur qui a recouvert tous les mots de sa page a gagné.

Autres idées

Utilisez ce dessin pour jouer aux objets cachés, raconter ce qu'il s'y passe ou inventer toute une histoire.

Je peux...

Il vous faut :

du papier bristol blanc

du papier de couleur

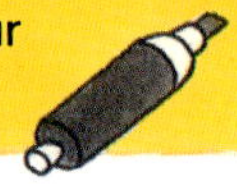
un feutre noir

Notes pédagogiques

Ce jeu permet aux joueurs de s'exercer à marier des mots identiques en s'aidant des images. Votre enfant commence ainsi à reconnaître des mots complets sans avoir à prononcer chaque lettre individuellement.

Fabrication des cartes de mots et des pions en papier

Découpez des cartes en bristol blanc d'environ 4 cm sur 8 cm chacune.

Avec un crayon, écrivez clairement sur les cartes les mots de cette double page. Puis repassez sur les lettres au feutre noir.

Découpez maintenant 30 carrés de papier de couleur de 2 cm de côté environ. Ils vous serviront de pions.

Je peux...

courir

peindre

manger

danser

nager

cuisiner

souffler

parler

boire

compter

me laver

conduire

Conseil

Rangez les mots et les pions dans une enveloppe.

voler

jouer

pleurer

lire

patiner

sauter

sentir

dormir

me peigner

me cacher

m’étirer

creuser

Règle du jeu

Ce jeu se joue à deux.

L’un des joueurs est la souris, l’autre le chat. Faites deux piles de cartes, une pour chacun.

Le premier joueur retourne une carte de sa pile en disant «je peux» et essaie de lire ce qui y est écrit. Il peut s’aider des images et des mots sur la page. Celui qui a le mot correspondant de son côté le recouvre avec un pion.

Le second joueur retourne une carte à son tour et ainsi de suite. Le premier joueur dont la page est recouverte de pions a gagné.

Autres jeux

Jeu des mariages

Étalez toutes les cartes à l’envers. Chacun lit un mot de la page à son tour, puis essaie de le trouver en retournant trois cartes. S’il y réussit, il prend la carte correspondante. Le joueur qui a le plus de cartes en fin de partie a gagné.

Jeu des mimes

Ce jeu se joue avec un minimum de trois joueurs. Les cartes sont étalées à l’endroit. Un des joueurs mime une action. Les autres essaient alors de deviner la carte correspondante.

Les œufs sur le plat

Fabrication de la roue

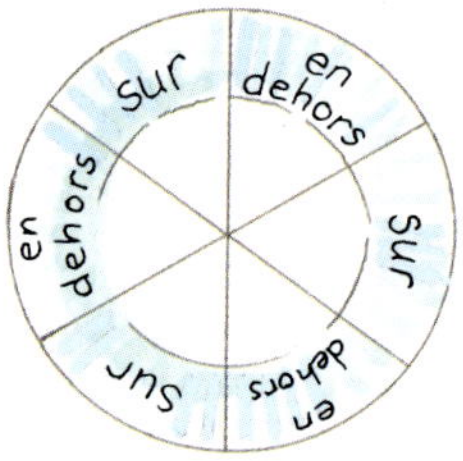

Retournez l'assiette et divisez-la en six segments. Écrivez «sur» et «en dehors» en alternance sur les cases autour du bord.

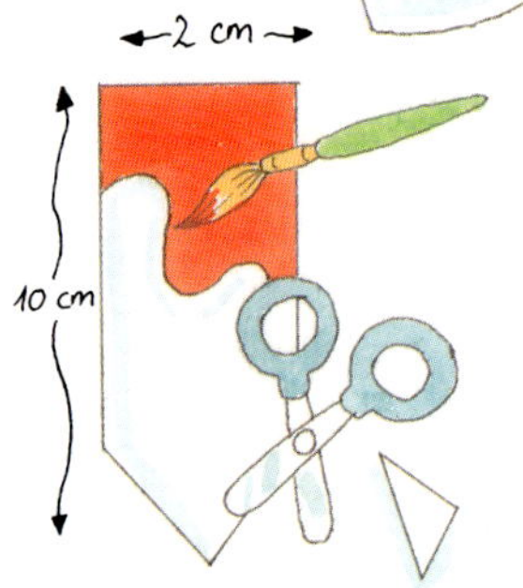

Découpez un morceau de carton mince de 2 cm sur 10 cm, en coupant un côté en pointe. Peignez-le en rouge.

En vous servant du stylo, faites un trou au centre de l'assiette et à 1 cm du bord droit de la flèche.

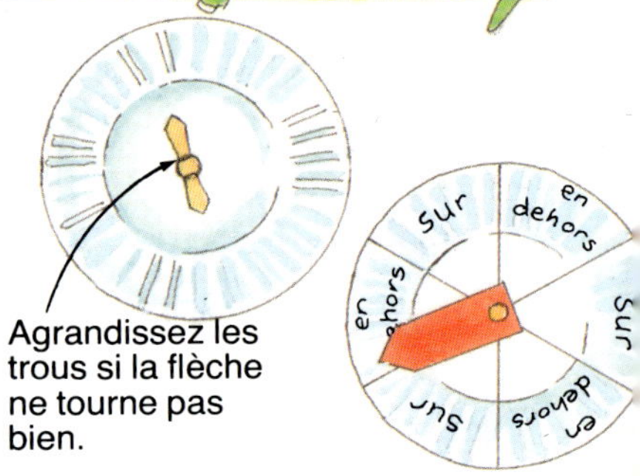

Fixez la flèche au centre de l'assiette en vous servant d'une attache parisienne. Vérifiez que la flèche tourne facilement.

Fabrication des œufs

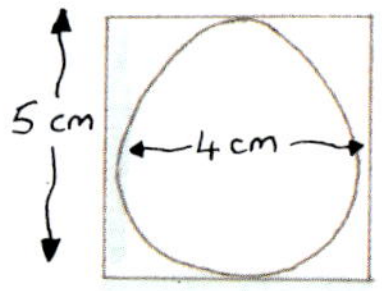

Découpez un morceau de carton de 4 cm sur 5 cm. Dessinez la forme d'un œuf et découpez-la. Faites 12 œufs et décorez-les comme des œufs de Pâques.

Quelques conseils

- Faites un premier œuf, puis servez-vous de son contour pour réaliser les suivants.
- Au lieu de décorer les œufs, vous pouvez en faire six blancs et six de couleur marron.

Notes pédagogiques

Des expressions comme «sur» et «en dehors» sont difficiles à illustrer et les lecteurs débutants peuvent avoir du mal à les comprendre. Ce jeu aide votre enfant à les reconnaître. Encouragez-le à annoncer les mots indiqués par la flèche.

Règle du jeu

Ce jeu se joue à deux. Chaque joueur choisit une assiette sur la double page.

Les joueurs ont six œufs chacun au départ, trois dans l'assiette et trois en dehors. Chaque joueur ferme les yeux à son tour et fait tourner la flèche. Selon la case sur laquelle elle s'arrête, les œufs sont posés sur l'assiette ou en sont retirés. Le joueur qui a le plus d'œufs gagne. Vous pouvez raccourcir le jeu en limitant sa durée ou en diminuant le nombre d'œufs nécessaires pour gagner.

Autres idées

Vous pouvez changer les mots avec lesquels vous jouez et utiliser des objets réels, comme une chaise pour «en haut» et «en bas» et des jouets en peluche que vous retournez pour «devant» et «derrière».

Utilisez des cuillères et une tasse pour «dedans» et «dehors».

Alphabet mural

Il vous faut :

Fabrication de l'alphabet mural

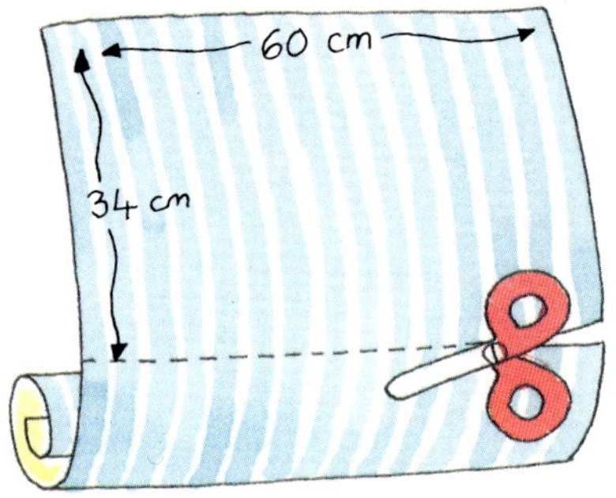

Découpez un morceau de papier peint de 34 cm sur 60 cm. Ce sera le fond de votre alphabet mural.

Repliez le rabat d'une petite enveloppe vers l'arrière. Placez-la comme illustré ci-dessus.

Notes pédagogiques

Cet alphabet mural permet à votre enfant de se familiariser avec les lettres de l'alphabet. Une fois qu'il peut reconnaître les lettres et sait quels sons elles représentent, il dispose d'un atout clé pour commencer à lire.

Ne vous pressez pas pour lui enseigner l'ordre alphabétique, bien que les enfants l'apprennent souvent avec une rapidité surprenante.

Mouillez la bande de colle du rabat et collez l'enveloppe sur le papier peint.

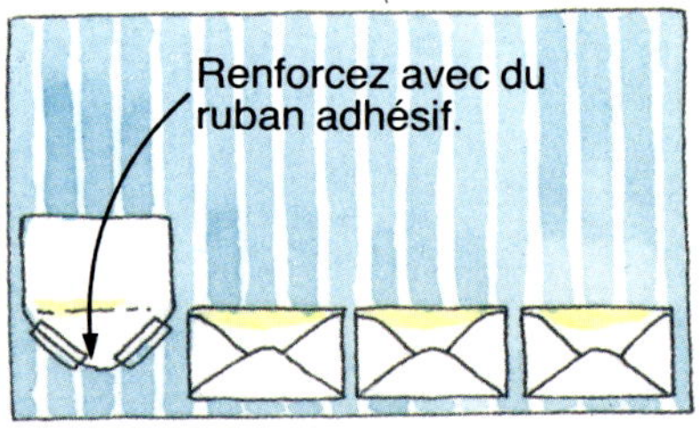

Repliez l'enveloppe par-dessus son rabat. Collez les trois enveloppes suivantes de la même façon.

Fabrication des lettres

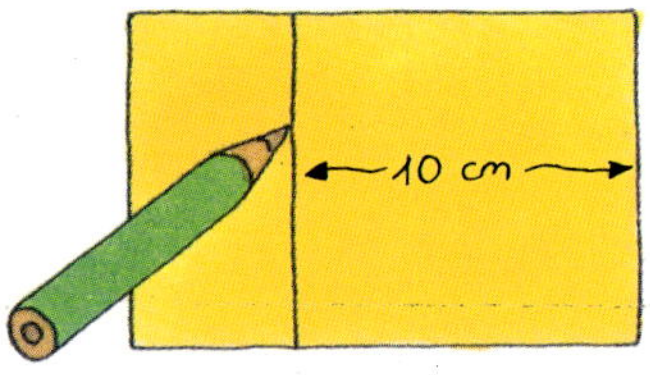

Découpez quatre rectangles de papier peint, de 15 cm sur 10 cm. Tracez une ligne à 10 cm du bord de largeur.

Tournez le papier à l'envers pour dessiner les lettres à jambages.

Dessinez une lettre au crayon dans l'espace sous le trait.

La chasse au trésor

Mettez des images partout dans la maison. Le premier joueur qui range trois images dans la bonne enveloppe a gagné.

S'il n'y a qu'un seul joueur, comptez le nombre d'images qui peuvent être trouvées pour chaque enveloppe.

Vous n'avez pas besoin d'évider au milieu.

Peignez la lettre avec un pinceau épais. Laissez sécher.

Découpez les lettres et décorez-les avec des petits morceaux de papier brillant ou des paillettes. Laissez sécher la colle.

Tirez un trait au crayon sur le papier peint à 7 cm environ du haut des enveloppes. Puis collez les lettres sur cette ligne.

Placez l'alphabet mural à portée de main.

Découpez un grand nombre de lettres dans des magazines et collez-les sur les enveloppes. Vous pouvez aussi utiliser des lettres capitales.

Découpez des images dans des catalogues ou des magazines pour les mettre dans les enveloppes. La photo d'un chat devra être rangée dans l'enveloppe des «c» et ainsi de suite.

Au fur et à mesure des progrès de votre enfant, vous pouvez fabriquer d'autres alphabets muraux, jusqu'à la lettre «z». Pour des enfants plus âgés, faites la même chose avec des capitales.

Je suis allé au cirque...

Il vous faut :

- des lettres en plastique
- des pions en papier ou en plastique de deux couleurs
- une tasse
- un sac en papier

Règle du jeu

Ce jeu se joue à deux, ou plus si vous avez des pions de plusieurs couleurs différentes.

Le premier joueur tire une lettre du sac et dit «je suis allé au cirque et j'ai vu...», puis cherche sur l'image un objet dont le nom commence par la même lettre. Il peut s'aider des légendes. Bien des choses sont à découvrir : des noms simples comme «chien» ou des mots plus compliqués comme «galoper». Lorsqu'il a trouvé, le joueur met un de ses pions dans la tasse et jette la lettre dans le sac. La durée du jeu est décidée à l'avance. Le gagnant est celui qui a le plus de pions dans sa tasse.

Notes pédagogiques

Ce jeu est excellent pour étendre le vocabulaire de votre enfant et développer son sens de l'observation. Les réponses ne sont pas limitées et l'enfant peut progresser de mots simples comme «chien» et «balle» à des termes plus complexes comme «se balancer», «éclabousser» ou «jongler».

Le bocal à bonbons

Il vous faut :  des morceaux de papier brillant  des ciseaux à bouts ronds 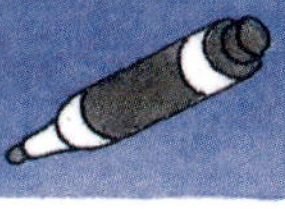 un feutre noir

Fabrication des pions

Pour faire les pions, découpez la forme de 12 bonbons dans du papier brillant, comme illustré.

Fabrication des cartes

Un repère sous chaque lettre indique dans quel sens elle doit être lue.

Découpez 22 carrés blancs de 3 cm de côté. Sur chacune des 21 premières cartes, écrivez une lettre de l'alphabet, en sautant les voyelles. Dessinez une canne en sucre sur la dernière carte.

Découpez une grande carte de 3 cm sur 8 cm. Écrivez « age ».

Règle du jeu

Ce jeu se joue à deux. Avant de commencer, chaque joueur choisit un bocal sur la page.

Posez la carte marquée « age » à l'endroit. Distribuez les petites cartes aux joueurs, en les gardant à l'envers. Chacun tire une carte à son tour et la place devant la carte marquée « age » pour essayer de faire un mot. S'il y réussit, il peut mettre un pion dans le bocal. Le joker peut remplacer n'importe quelle lettre. Le jeu se termine lorsqu'il ne reste plus de lettres. On compte alors les bonbons dans chaque bocal.

du carton mince blanc

une règle

Notes pédagogiques

Ce jeu aide votre enfant à réaliser que les mêmes groupes de lettres peuvent réapparaître pour former différents mots. Cet exercice ne devrait pas être trop difficile même s'il suppose d'apprendre à lier voyelles et consonnes. Prononcez clairement la lettre et la fin du mot, puis laissez l'enfant les mettre ensemble. Soyez patient au début, car il n'y a pas d'image pour l'aider. Expliquez les mots qu'il ne connaît pas.

Quelques conseils

- Vous pouvez collectionner des emballages de chocolat et jouer avec de vrais bocaux. Servez-vous de pions en plastique ou de boutons au lieu de pions en papier.
- Le jeu peut être raccourci en décidant que le premier joueur qui a six bonbons a gagné.

Et si on racontait des bêtises...

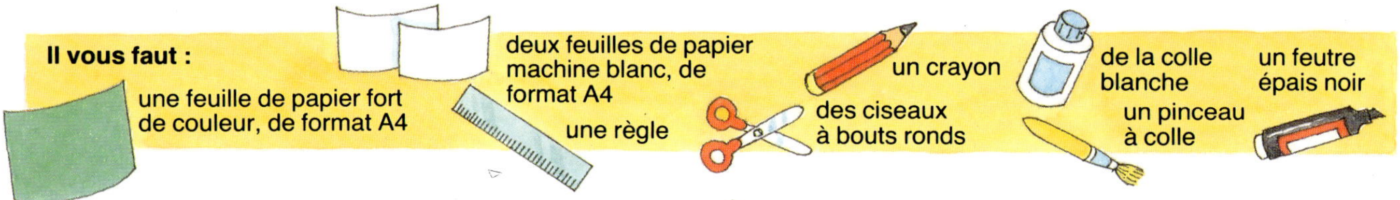

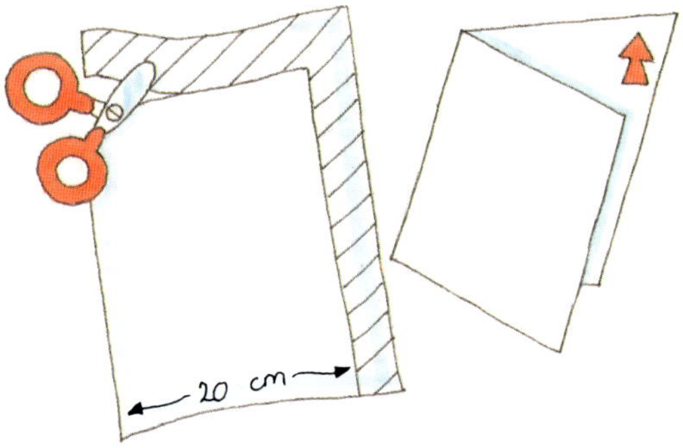

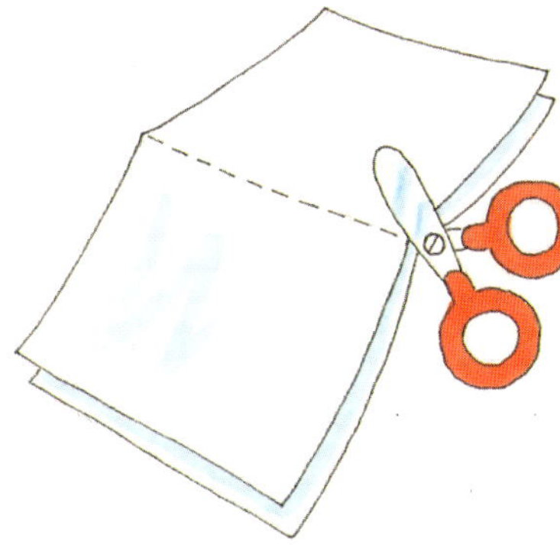

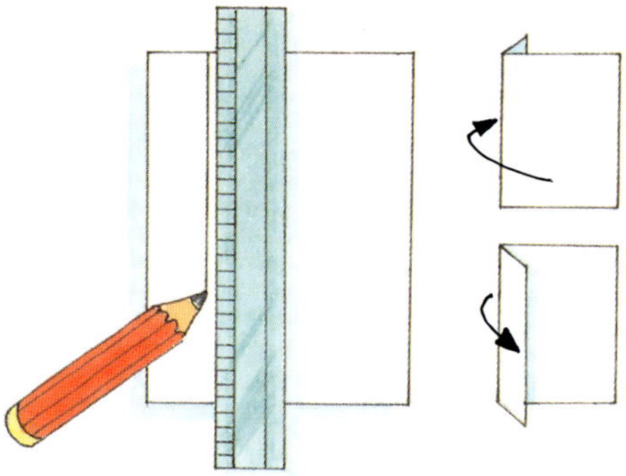

Découpez les deux feuilles de papier blanc pour qu'elles mesurent 20 cm sur 28 cm. Puis pliez-les bord à bord dans le sens de la largeur.

Ouvrez-les, puis coupez le long de la pliure centrale pour obtenir 4 morceaux séparés.

Tirez un trait sur chaque rectangle, à 2 cm de son bord de longueur. Pliez le papier vers l'arrière, puis vers l'avant, selon cette ligne.

Notes pédagogiques

Ce jeu amusant initie votre enfant à la lecture de phrases entières. Cette étape n'est pas forcément difficile s'il sait déjà manipuler des lettres et des mots séparés, surtout si vous utilisez des termes qui lui sont familiers.

Autres idées

Vous pouvez inventer des phrases sur votre famille ou vos amis, par exemple «papa chante sous la douche» ou «Anna va à l'école».

Changez les phrases en ajoutant des pages supplémentaires au livret.

Tracez des lignes verticales en les espaçant de 4 cm. Vous devez obtenir 4 cases.

Puis écrivez une phrase au feutre noir sur chaque page.

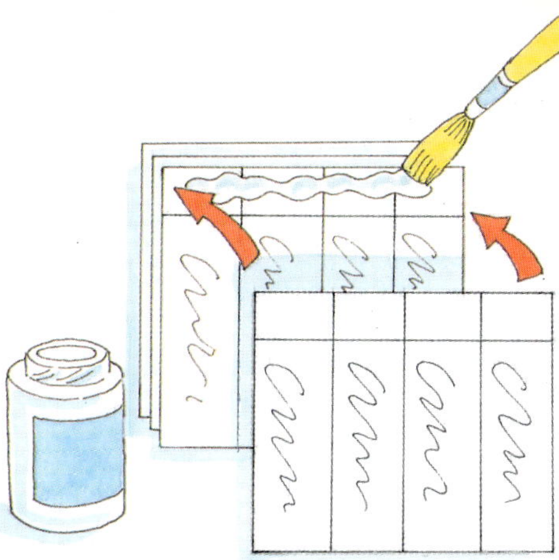

Collez la marge de la première page sur celle de la page suivante. Reliez ainsi toutes les pages.

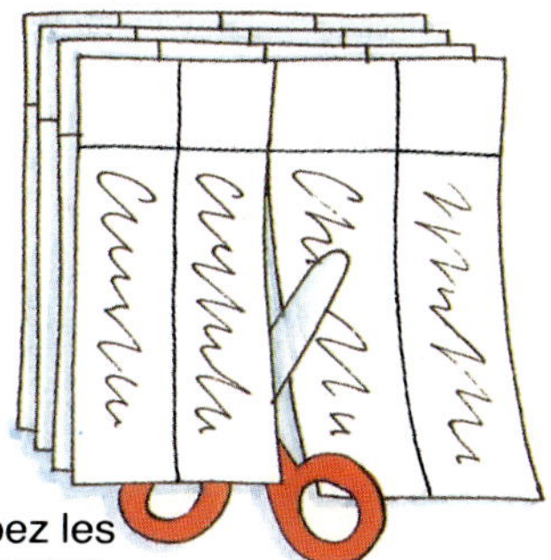

Découpez les quatre pages ensemble.

Lorsque la colle est sèche, découpez le long des lignes verticales, jusqu'à la marge.

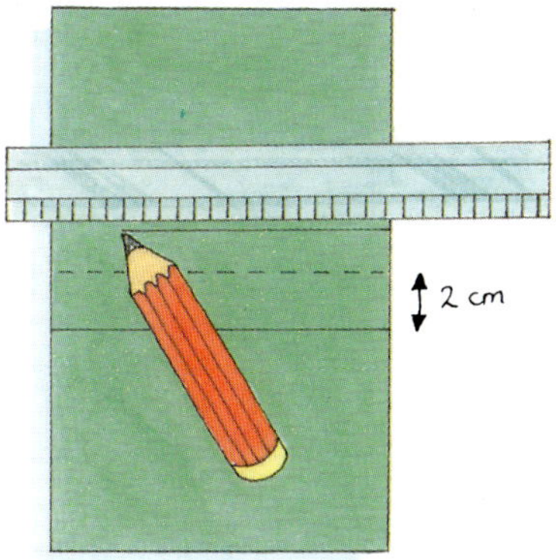

Pliez le papier de couleur bord à bord, dans le sens de la largeur. Ouvrez et tracez une ligne à 2 cm de chaque côté de la pliure.

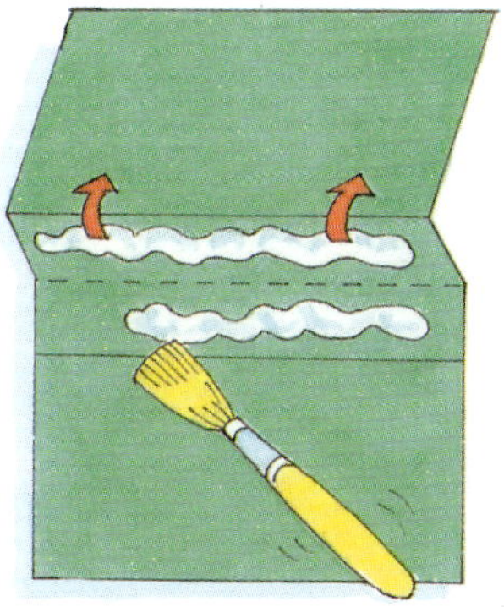

Repliez la page de dessus selon le trait de façon à faire un pli. Ouvrez de nouveau et mettez de la colle entre les traits.

Posez le livret le long de la pliure centrale. Puis refermez la couverture et appuyez fort sur la partie encollée. Laissez sécher.

Tournez les différentes sections pour lire les phrases ainsi construites et « raconter des bêtises ».

Conseil

Ne mettez pas trop de colle pour que le papier n'ondule pas.

Matériel nécessaire

La préparation de nombreux jeux présentés dans ce livre vous demandera un peu de bricolage. Faites participer votre enfant en le laissant dessiner, découper ou coller lui-même les pièces nécessaires. Parlez de ce que vous êtes en train de faire, mais sans trop insister : la plupart des enfants apprennent les règles en jouant. Vous pouvez fabriquer les pièces un jour et jouer un autre jour. Plastifiez les cartes si vous souhaitez les protéger. Rangez-les dans une enveloppe.

Chaque projet est expliqué en détail et le matériel nécessaire est indiqué en haut de page. Vous trouverez ci-dessous quelques conseils généraux à ce sujet.

Le papier : c'est une bonne idée de conserver de vieux bouts de papier, tels qu'enveloppes usagées, carton mince des boîtes de céréales, papier brillant ou cellophane d'emballage, dans une boîte qui leur est réservée. Vous pouvez également acheter du papier bristol, mais c'est plus cher. Protégez votre plan de travail des bavures de colle ou de peinture en le recouvrant de vieux journaux. Découpez les lettres et les images dont vous avez besoin dans des magazines. Des rouleaux de papier peint non utilisés peuvent vous servir de matériau de base pour fabriquer des cartes et des pions ou pour couvrir les livres.

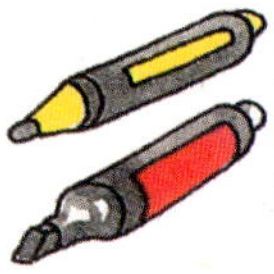

Les feutres doivent être à encre non toxique et lavable. Essayez de vous procurer à la fois des feutres épais et des feutres à pointe fine. Les lecteurs débutants déchiffrent plus facilement les lettres noires sur papier blanc.

La peinture : n'achetez que de la peinture à l'eau. Les magasins de jouets éducatifs et les grandes papeteries vendent de la peinture prête à l'emploi. Vous pouvez aussi peindre les petites surfaces avec de la gouache épaisse. Faites vos mélanges dans de vieilles assiettes et mettez l'eau dans un pot à confiture vide. Les pinceaux épais sont plus faciles à manier. N'oubliez pas de protéger votre plan de travail avec des journaux.

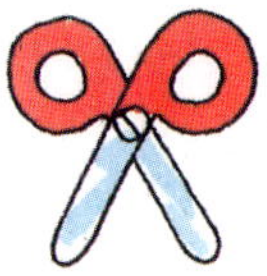

N'utilisez que des **ciseaux** à bouts ronds. Si vous vous servez de ciseaux pointus, rangez-les immédiatement après usage. Tracez un contour simple autour des images à découper pour guider votre enfant.

La colle blanche d'acétate de polyvinyle ou colle universelle devient transparente en séchant. Elle peut aussi être utilisée comme vernis ou servir à épaissir la peinture. Bien qu'elle soit lavable, il est préférable de porter un tablier ou une blouse pour protéger vos vêtements des bavures possibles. Nettoyez les pinceaux immédiatement après usage. La colle blanche est disponible dans les magasins de jouets éducatifs et dans les papeteries. Les bâtons de colle ne salissent pas et sont faciles à utiliser. Ils sont pratiques pour les petites surfaces. Ne vous servez pas de colles à base de solvant.

Le ruban adhésif : coupez tous les morceaux de ruban adhésif dont vous avez besoin à l'avance et collez-les légèrement sur le bord du plan de travail.

Les lettres en plastique sont très utiles. Elles sont souvent aimantées. Achetez-en deux jeux de façon à avoir un nombre suffisant de lettres courantes pour fabriquer des mots et des phrases entières. Procurez-vous si possible à la fois des lettres capitales et des lettres minuscules, mais n'utilisez qu'un seul type de lettre au départ afin de ne pas dérouter l'enfant.

Les bureaux de tabac et les magasins de jouets éducatifs vendent des **cure-pipes** de toutes les couleurs. Vous pouvez aussi peindre des cure-pipes ordinaires.

Les trombones et les attaches parisiennes sont vendus dans les papeteries. Par précaution, faites une chaîne des trombones que vous n'utilisez pas et tenez le matériel de petite taille hors de portée des jeunes enfants.

Les sacs en papier ne sont pas aussi dangereux que les sacs en plastique. Apprenez cependant à vos enfants à ne jamais mettre la tête dans un sac.

AMUSONS-NOUS ENSEMBLE

JOUONS A COMPTER

Ray Gibson

Illustrations : Simone Abel, Lucy Su
et Kim Blundell

Maquette : Lindy Dark

Rédaction : Paula Borton

Directrices de la collection : Robyn Gee et Jenny Tyler

Photographie : Ray Moller
Traduction : Christine Sherman

Les jeux de ce livre se jouent directement sur la double page avec des cartes, des dés ou des pions. Ils distrairont votre enfant pendant des heures, tout en lui apprenant à reconnaître les chiffres de un à neuf et en lui donnant un premier contact avec les nombres.

Imprimé au Portugal.

Apprendre les chiffres et les nombres

Jouer ensemble avec les nombres est une façon idéale de commencer d'apprendre à compter à votre enfant. La plupart des enfants ont besoin d'utiliser les chiffres de façon répétée avant de bien les connaître et les jeux proposés dans ce livre offrent l'environnement détendu favorable à cet apprentissage. Ils développent la confiance en soi et l'attitude positive qui seront ensuite nécessaires pour aborder les mathématiques.

Premiers rudiments mathématiques

Les enfants prennent conscience très jeunes de l'existence des nombres, et bien des activités permettent de tirer partie de cette connaissance. Comptines et chansons sur les chiffres aident à se familiariser avec certains termes numériques. L'observation de dessins aux formes géométriques simples ouvre la voie à l'introduction ultérieure des relations particulières entre les nombres.

Même une activité banale comme trier des objets fait partie de l'apprentissage du calcul. L'enfant commence à réfléchir à ce qui fait que les choses sont semblables ou différentes et à la façon de les classer. Laissez votre enfant vous aider dans les travaux ménagers en triant les couverts ou le linge.

Faites-lui prendre conscience de l'importance des nombres dans la vie quotidienne. Par exemple, lorsque vous vous promenez, comptez les voitures rouges ou lisez ensemble le numéro des bus ou celui des maisons.

Il est également utile de développer un sens des quantités. Faites deviner à votre enfant le nombre d'oranges qui se trouvent dans un sac, puis comptez-les ensemble. N'oubliez pas d'être toujours positif dans vos commentaires pour lui donner confiance en lui.

Jeux de nombres

Les enfants sont en général capables de réciter des nombres par cœur à un très jeune âge. Savoir compter, en revanche, suppose d'être capable de faire correspondre un chiffre avec ce qu'il représente.

En jouant avec des nombres, les enfants réalisent, tout en s'amusant, que les mots utilisés correspondent à une certaine quantité d'objets. De nombreux jeux de ce livre sont conçus pour aider à reconnaître les chiffres de un à neuf, à les nommer et à comprendre ce qu'ils représentent.

Un autre concept de base à assimiler est que le nombre d'objets dans un groupe ne change pas s'ils sont mis dans un ordre différent. Les jeux «Comptons les points», page 6, et «Le safari», page 22, peuvent aider votre enfant à comprendre cela. La notion d'ordre numérique est développée en jouant à «Les araignées rentrent à la maison» en page 16 et à «Tasses et soucoupes» en page 12.

Une bonne introduction aux nombres ordinaux comme premier, deuxième et troisième est donnée par «La course des nounours» de la page 18.

Fabrication du matériel de jeu

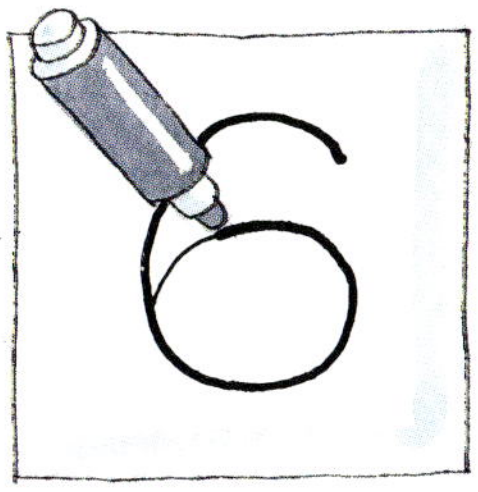

Vous devrez fabriquer vous-même le matériel de certains jeux. Cette activité est en soi instructive et offre de nombreuses occasions de parler des nombres.

Dessinez les chiffres au crayon et, si votre enfant en est capable, laissez-le repasser dessus au feutre. Il s'exercera ainsi à les écrire.

Laissez votre enfant mesurer avec vous. Expliquez ce que vous faites et aidez-le à trouver les nombres que vous cherchez et à faire les marques au crayon.

Comment jouer

La plupart des jeux proposés se jouent sur la double page correspondante du livre, avec des dés, des pions ou des cartes. Encouragez votre enfant à compter aussi pour vous. Comptez tout haut, lentement et distinctement.

Si vous devez compter les pions de chaque partenaire en fin de jeu, alignez-les et voyez quel rang est le plus long. Puis comptez les pions ensemble.

Lorsque vous utilisez des chiffres en plastique, mettez-les sur du papier blanc, afin qu'ils se voient mieux et ressemblent à des nombres écrits.

Si votre enfant a des difficultés à ne tirer qu'une carte à la fois, étalez toutes les cartes à l'envers sur le sol au lieu d'en faire une pile, et prenez-les au hasard.

Efforcez-vous de créer une ambiance détendue.

Amusez-vous bien

Vous pouvez suivre les chapitres de ce livre dans l'ordre ou les prendre au hasard. Quelle que soit la façon dont vous procédez, n'oubliez pas que l'important est que votre enfant s'amuse. Si un jeu l'intéresse particulièrement et s'il souhaite y jouer plusieurs fois, sa compréhension des notions utilisées en est renforcée. S'il s'ennuie ou se fatigue avant la fin du jeu, arrêtez ou abrégez l'activité en la modifiant.

Tous les enfants n'apprennent pas au même rythme et n'ont pas la même capacité d'attention. Adaptez-vous à votre enfant et suivez son propre rythme d'apprentissage.

Les bougies sur le gâteau

Fabrication des bougies

Découpez le papier en morceaux de 5,5 cm sur 10 cm. Avec un crayon et une règle, divisez-les en bandes de 1 cm sur 5,5 cm. Puis découpez-les en forme de bougies.

Fabrication des cartes

Recopiez les chiffres ci-contre.

0	1	1	1	1
0	2	2	2	2

Découpez un morceau de carton mince, blanc, de 10 cm sur 20 cm. Avec un crayon et une règle, divisez-le en dix rectangles. Recopiez les chiffres soigneusement dans chaque case, puis découpez le long des lignes pour faire dix cartes.

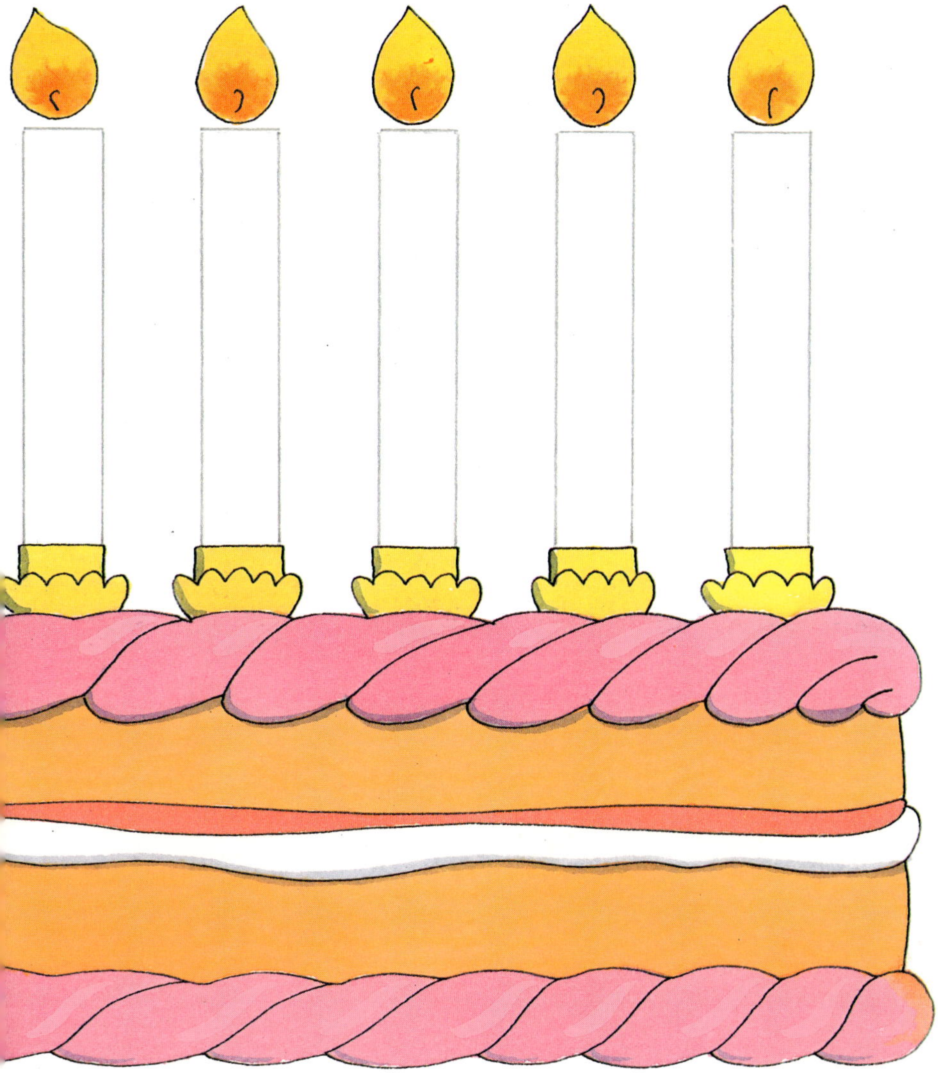

Notes pédagogiques

Ce jeu est une excellente introduction aux symboles numériques «0», «1» et «2» et à ce qu'ils signifient. En comptant les bougies, votre enfant apprendra que ces chiffres représentent une certaine quantité d'objets.

Conseil

Vous pouvez utiliser de vraies bougies (sans les allumer !).

Règle du jeu

Ce jeu se joue à deux. Mélangez les cartes et posez-les à l'envers. Chaque joueur prend une carte à son tour et met le nombre de bougies indiqué, «0», «1» ou «2», sur le gâteau ci-dessus. Pour gagner, à la fin, vous devez tirer le nombre exact de bougies à placer.

Le jeu est terminé lorsque toutes les bougies sont sur le gâteau. Enlevez-les et alignez-les par couleur. Celui qui a le rang le plus long a gagné.

Autres idées

Pour les très jeunes enfants, dessinez des cartes avec une ou deux bougies qu'ils pourront marier avec les bougies du gâteau. Laissez vierges les cartes correspondant au «0».

Vous pouvez introduire un exercice de «soustraction» en plaçant sur le gâteau un nombre identique de bougies de chaque couleur. Les joueurs retirent les bougies selon le chiffre indiqué par les cartes ; un nombre juste doit être tiré à la fin. Le premier qui n'a plus de bougies a gagné.

Comptons les points

Il vous faut :

des pions en plastique de couleur (une par joueur) ou des carrés de carton mince

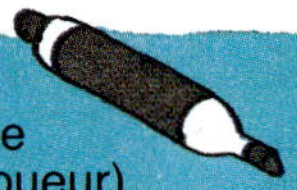

un feutre épais noir

des ciseaux à bouts ronds

une règle

du carton mince blanc

Fabrication des cartes

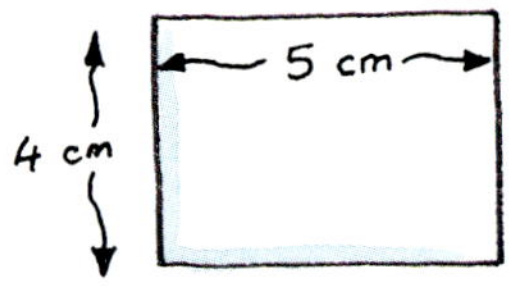

Découpez des cartes de 4 cm sur 5 cm dans du carton blanc et mince.

Écrivez le chiffre « 1 » sur trois cartes, « 2 » sur trois autres cartes, et ainsi de suite jusqu'à « 4 ».

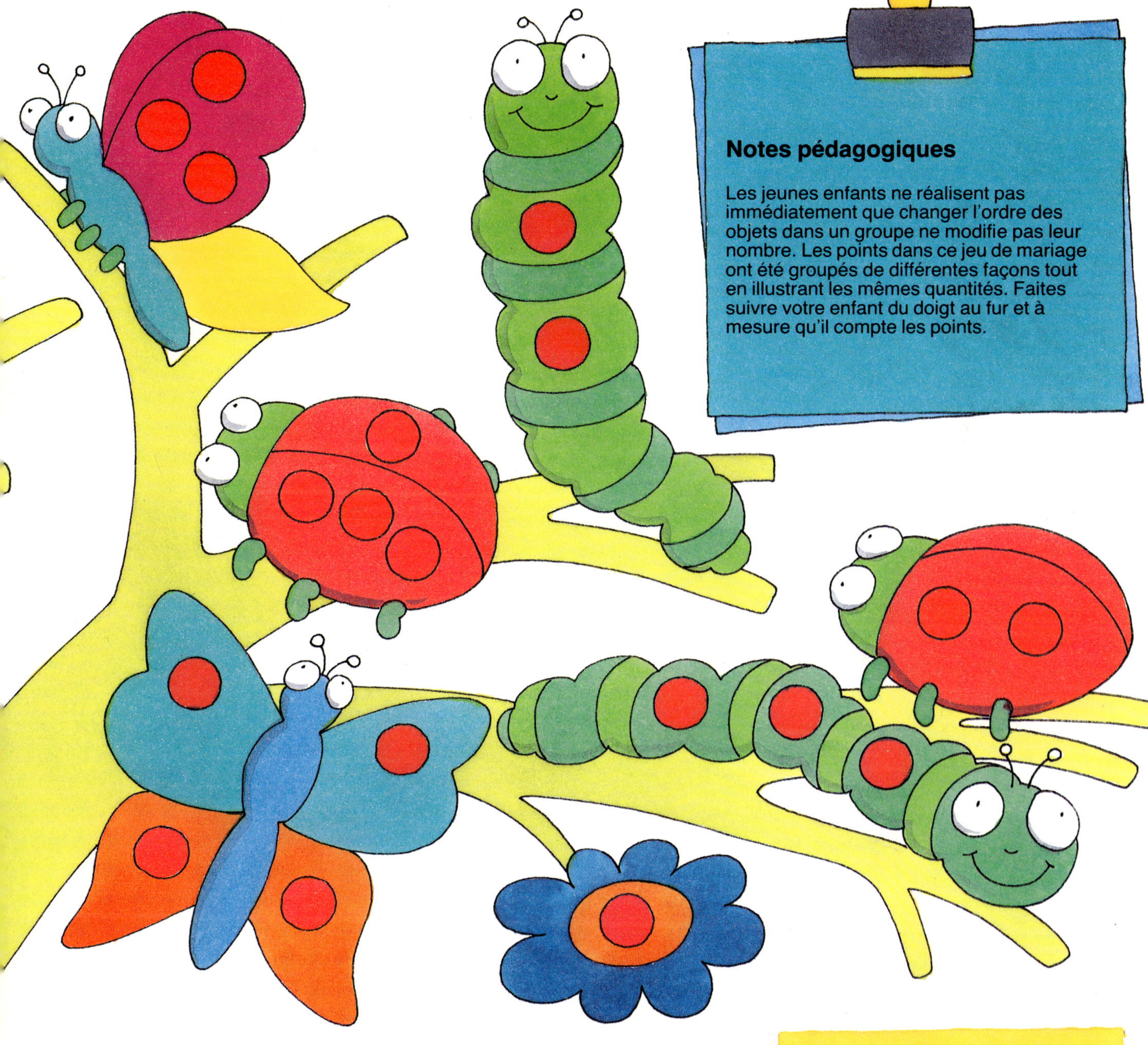

Notes pédagogiques

Les jeunes enfants ne réalisent pas immédiatement que changer l'ordre des objets dans un groupe ne modifie pas leur nombre. Les points dans ce jeu de mariage ont été groupés de différentes façons tout en illustrant les mêmes quantités. Faites suivre votre enfant du doigt au fur et à mesure qu'il compte les points.

Règle du jeu

Ce jeu se joue à deux ou à trois. Chaque joueur a 10 pions.

Battez les cartes et posez-les à l'envers entre les joueurs. Chacun tire une carte à son tour et pose un pion sur un insecte ou une fleur ayant le même nombre de points que le chiffre indiqué, ou passe son tour s'il n'en trouve pas.

Le jeu se termine lorsque toutes les fleurs et les insectes sont «pris». Comptez les pions pour savoir qui a gagné.

Autre idée

Ensuite, vous pourrez faire des cartes avec des points regroupés de différentes façons, à faire correspondre à ceux sur la page.

La loterie

Il vous faut :

- un jeu de chiffres en plastique (aimantés, par exemple)
- un sac en papier
- des pions en papier ou en plastique de différentes couleurs

Notes pédagogiques

Il y a beaucoup à découvrir dans ce jeu de mariage. Votre enfant y apprendra à reconnaître les chiffres de un à neuf.

Règle du jeu

Ce jeu se joue à deux.

Mettez les chiffres en plastique dans un sac. Chaque joueur tire un numéro à son tour. Si un objet de l'image a le même numéro, il met un pion dessus pour montrer qu'il l'a gagné. Le numéro est remis dans le sac. Le jeu est terminé lorsque tous les «prix» ont été gagnés. Ramassez les pions et comptez-les pour savoir qui en a le plus. Ou triez-les par couleur et alignez-les, pour voir qui a la rangée la plus longue.

Mettons le gâteau au four

Il vous faut :

de la pâte à modeler
(une couleur par personne)

un bouchon vissable
par joueur

un dé

un coquetier
pour le dé

Fabrication des gâteaux

Faites une boule de pâte à modeler et enfoncez-la dans le bouchon. Posez une autre petite boule sur le dessus.

Décorez le bord avec le bout d'une paille en plastique. Faites un gâteau de différente couleur pour chaque joueur.

Quelques conseils

- Si vous avez de la pâte à modeler d'une seule couleur, décorez vos gâteaux différemment ou colorez-les avec des colorants alimentaires.
- Vous pouvez aussi utiliser des boutons en guise de gâteaux.

Règle du jeu

Mettez vos gâteaux sur la case «départ». Le premier joueur jette le dé et avance son gâteau du nombre de cases indiqué par le dé. Il peut compter tout haut au fur et à mesure qu'il se déplace. Il suit alors les instructions de la case sur laquelle il tombe. Le joueur suivant joue à son tour. Le premier à mettre son gâteau dans le four a gagné. A la fin, le dé doit indiquer le nombre exact de cases restant à parcourir.

Notes pédagogiques

Ce jeu permet à votre enfant d'apprendre à reconnaître les chiffres sur un dé. Il l'oblige aussi à compter tout haut et l'aide ainsi à comprendre l'ordre numérique.

Tasses et soucoupes

Fabrication des tasses

Découpez la boîte à œufs en six parties. Égalisez les bords pour leur donner la forme d'une tasse.

Découpez six bandes de papier fort de 1 cm sur 5 cm. Recourbez chaque bande en forme d'anse et collez-la sur une tasse.

Fabrication de la souris

Partagez le coton en trois et étirez chaque morceau en forme de poire.

Découpez des oreilles dans du papier rose et collez-les sur la tête. Fixez un petit nez en papier rose et un bout de laine pour la queue.

Règle du jeu

Ce jeu se joue à deux. Mettez une tasse à l'envers sur chaque soucoupe. Le premier joueur ferme les yeux pendant que l'autre cache la souris sous l'une des tasses. Il doit ensuite deviner où elle se trouve en posant des questions comme à cache-tampon.

Par exemple, si la souris est sous le numéro 5 et que le joueur dit «2», il lui est répondu «plus» ; s'il dit «6», «moins», et ainsi de suite jusqu'à ce qu'il ait trouvé la souris. Puis c'est au tour du joueur suivant.

Autres idées

Comptez le nombre d'essais de chaque joueur et voyez celui qui met le moins de temps à trouver la souris.

Si vous préférez, vous pouvez aussi remplacer les tasses par des pots de yaourt et la souris par un gros bouton.

Notes pédagogiques

Ce jeu permet de donner une idée de l'ordre numérique et de la valeur de chaque chiffre.

Le loto du maçon

Il vous faut :

du carton mince rouge

une règle

un jeu de chiffres en plastique

un crayon

des ciseaux à bouts ronds

un sac en papier

Fabrication des briques

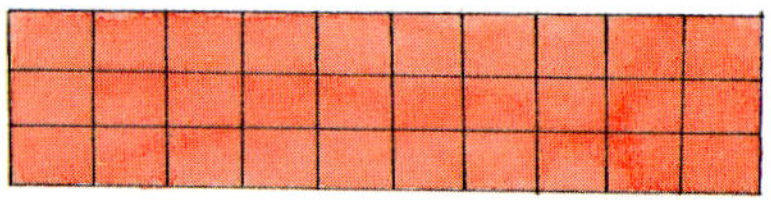

Découpez un morceau de carton mince de couleur rouge de 6 cm sur 30 cm.

Divisez-le en 30 rectangles de 2 cm sur 3 cm. Découpez-les pour faire les briques.

Notes pédagogiques

Ce jeu de mariage aidera votre enfant à se familiariser avec les chiffres de un à neuf. Essayez de lui montrer la différence entre «6» et «9» quand il les rencontre. Vérifiez qu'ils sont bien dans le bon sens avant d'essayer de les marier. Laissez l'enfant «tricher» en tâtant la forme des chiffres dans le sac.

Règle du jeu

Ce jeu se joue à deux. Chaque joueur a 15 briques et choisit sur la double page la maison qu'il souhaite construire. Mettez les chiffres en plastique dans le sac.

Chaque joueur tire un numéro à son tour (sans regarder). Si ce dernier correspond au chiffre écrit sur un espace disponible de sa maison, il le recouvre d'une brique. Le numéro est remis dans le sac, et le sac est secoué. Le gagnant est le premier joueur à construire sa maison (en mettant toutes les briques).

Les araignées rentrent à la maison

Il vous faut : un dé, un petit bouton par joueur, du fil, du ruban adhésif, des ciseaux à bouts ronds

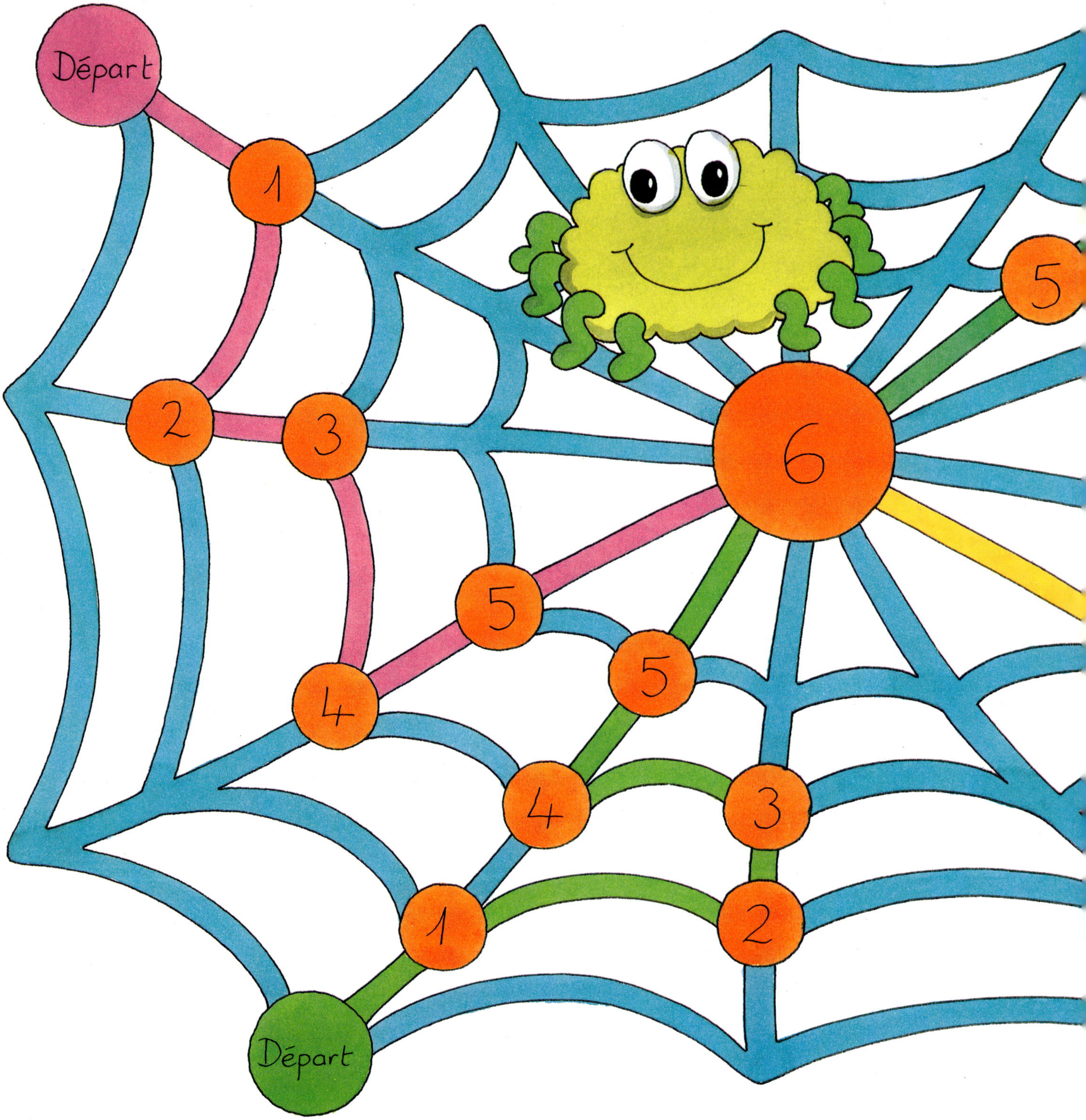

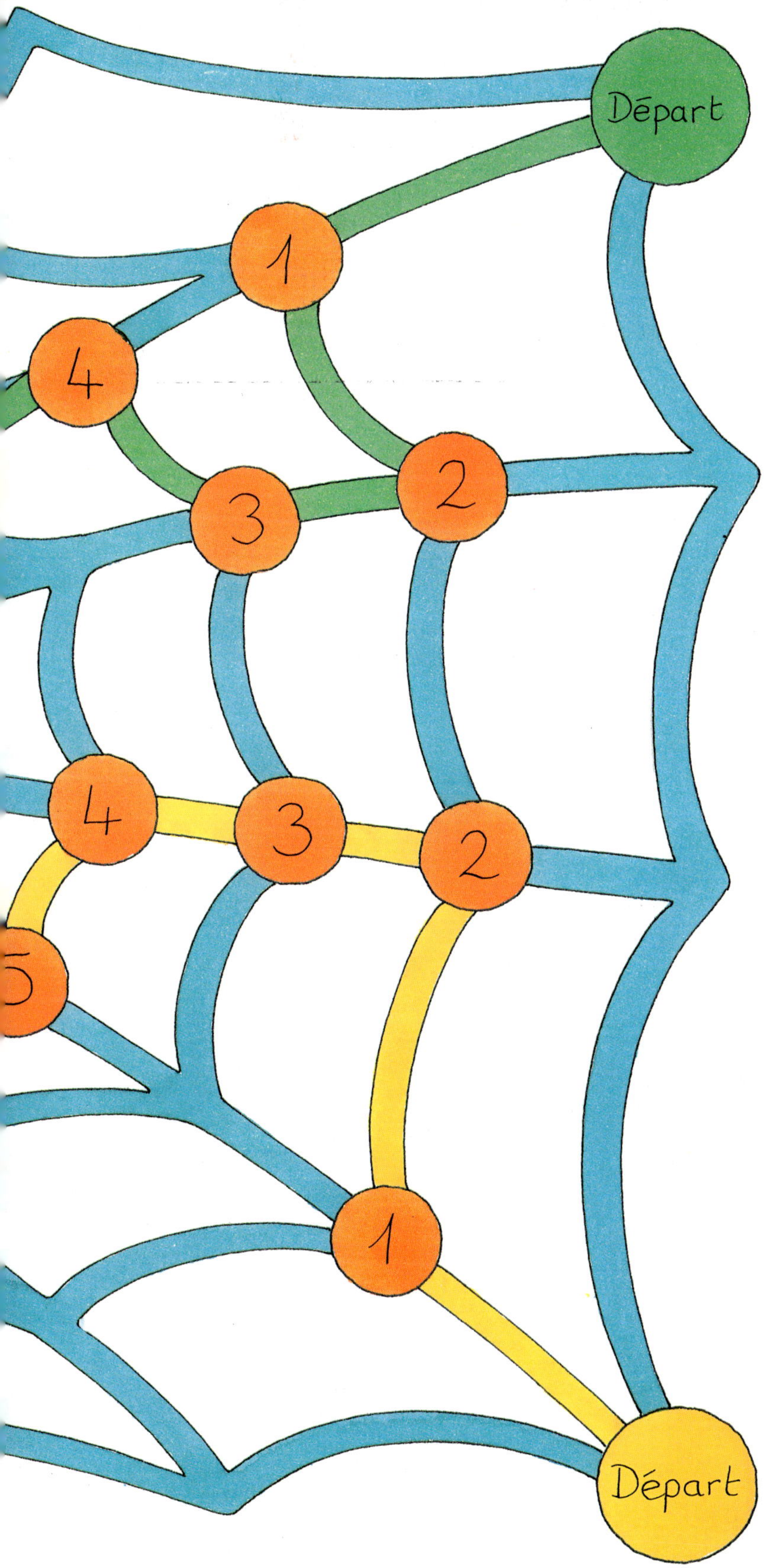

Notes pédagogiques

Ce jeu aide votre enfant à reconnaître l'ordre numérique. En se déplaçant le long d'un chemin de chiffres de un à six, il commence à comprendre qu'ils suivent un certain ordre.

Fabrication des bébés araignées

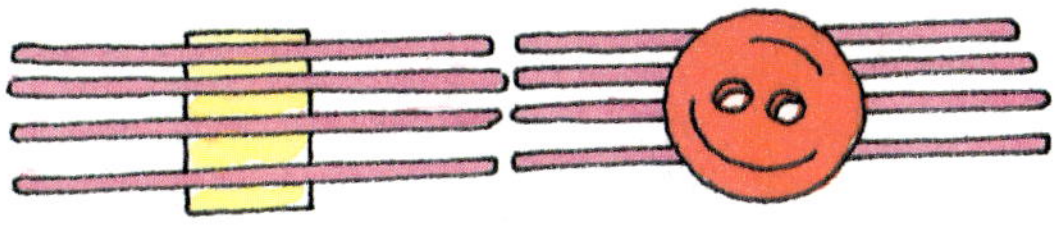

Découpez un petit morceau de ruban adhésif, puis posez 4 bouts de fil sur le côté collant. Mettez un petit bouton rond au milieu.

Les yeux sont les trous des boutons.

Coupez les pattes pour qu'elles dépassent de 1 cm de chaque côté. Faites une araignée par joueur.

Règle du jeu

Ce jeu se joue à deux ou trois joueurs.

Chaque joueur choisit un chemin sur la toile d'araignée et place son bébé araignée sur la case départ. Chacun jette le dé à son tour. Pour avancer sur la première case, vous devez faire «1», «2» pour la deuxième et ainsi de suite jusqu'à «6» et la maison du bébé araignée. Le premier arrivé a gagné.

Une fois que les enfants ont compris le jeu, ils peuvent y jouer tout seuls, en faisant la course.

La course des nounours

Il vous faut :

un ours en peluche par joueur

des ciseaux à bouts ronds

une grande assiette

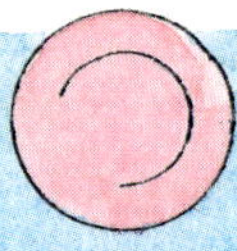

un vieux journal

Fabrication de la roue

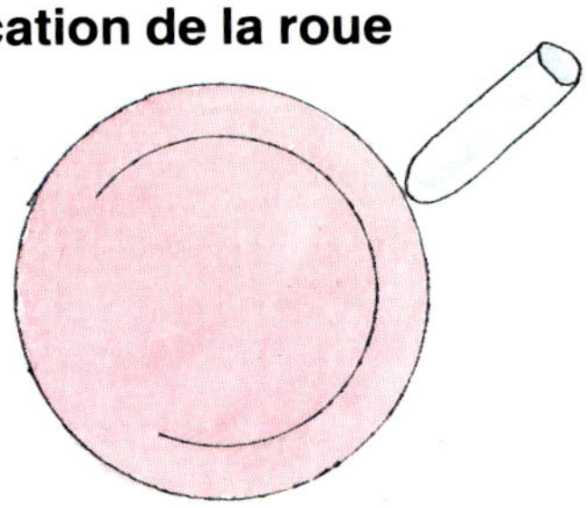

Avec une craie, dessinez le contour de l'assiette par terre (ou sur du carton si vous vous trouvez à l'intérieur).

Divisez le cercle en six, comme illustré. Numérotez chaque segment de un à six. Posez un couteau en plastique au milieu.

Pour faire le chemin

Découpez le journal en rectangles suffisamment grands pour que les ours y tiennent assis. Faites deux sentiers sinueux dans le jardin, en utilisant le même nombre de feuilles, 15 ou davantage.

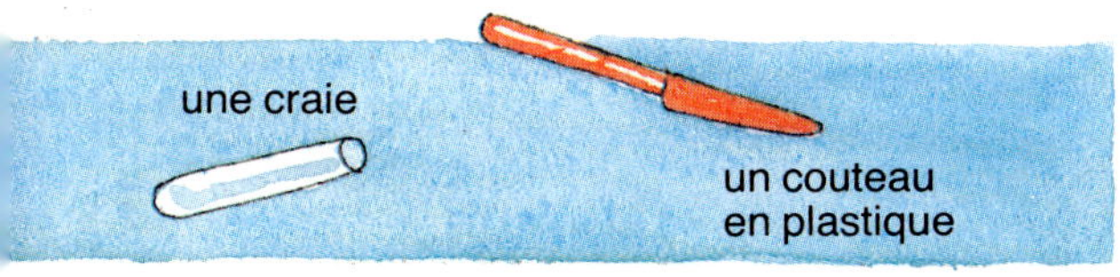

S'il y a du vent, retenez les feuilles de journal avec des pierres.

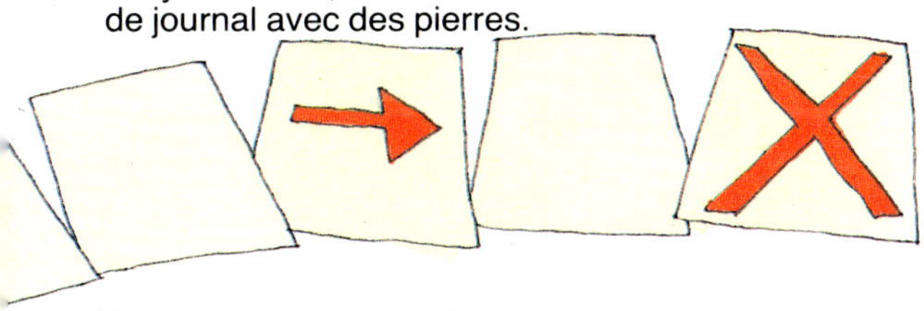

Vous pouvez marquer le départ et l'arrivée d'une grande croix, et dessiner des flèches le long du chemin.

Règle du jeu

Ce jeu se joue à deux.

Chaque joueur fait tourner le couteau à son tour et regarde vers quel chiffre pointe la lame. Il déplace son ours du nombre de cases correspondant, le long du chemin qu'il a choisi. Le couteau doit pointer sur le nombre exact de cases restantes pour pouvoir atteindre l'arrivée. Le premier ours qui y réussit a gagné.

Notes pédagogiques

Ce jeu de comptage dynamique permet d'introduire des nombres ordinaux comme «premier» et «deuxième». Plus tard, votre enfant pourra jouer tout seul en faisant faire la course à ses jouets.

Jeux d'extérieur

Jette et compte

A partir d'un bout de ficelle servant de ligne de départ, chaque joueur jette des balles dans une grande boîte en carton évidée sur le côté. Les balles peuvent être des chaussettes enroulées. Après six essais, les balles en dedans et en dehors du carton sont comptées.

Cherche et compte

Donnez à chaque joueur une feuille de papier sur laquelle vous avez écrit les chiffres de un à six, bien espacés. Les joueurs doivent chercher des objets à rassembler par famille (feuilles, pétales tombés, brindilles, etc.) en tenant compte des quantités indiquées.

Qui trouve gagne

Lorsque vous voyagez, demandez à votre enfant de repérer deux chevaux, dix voitures rouges, trois camions, etc.

Le jeu des chaussures neuves

Il vous faut :

une assiette en papier

un stylo

une attache parisienne

des nouilles en forme de coquille

une règle

Fabrication de la roue

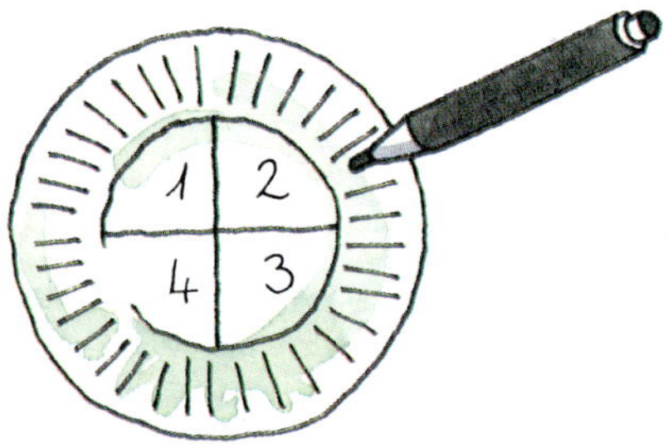

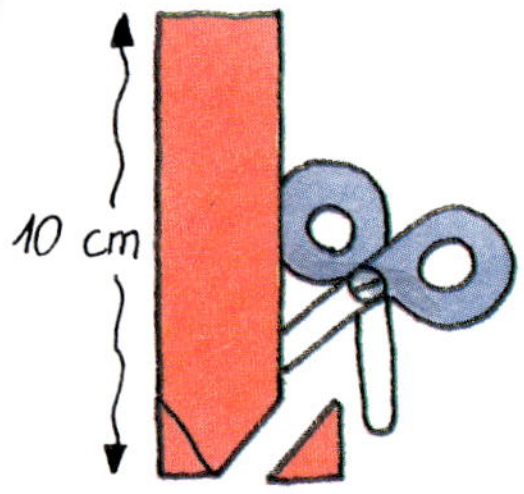

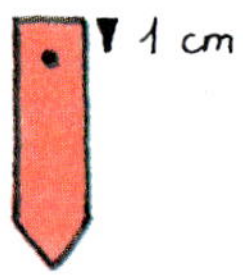

Retournez l'assiette et divisez-la en quatre parties. Numérotez-les comme illustré.

Découpez une bande de carton mince de 2 cm sur 10 cm. Coupez un des bouts en forme de pointe.

Avec le stylo, percez un trou au centre de l'assiette et un autre à 1 cm du bord droit de la flèche.

Notes pédagogiques

Ce jeu est une façon amusante d'apprendre ce qu'est une paire, mais aussi de découvrir les nombres impairs et la notion de reste.

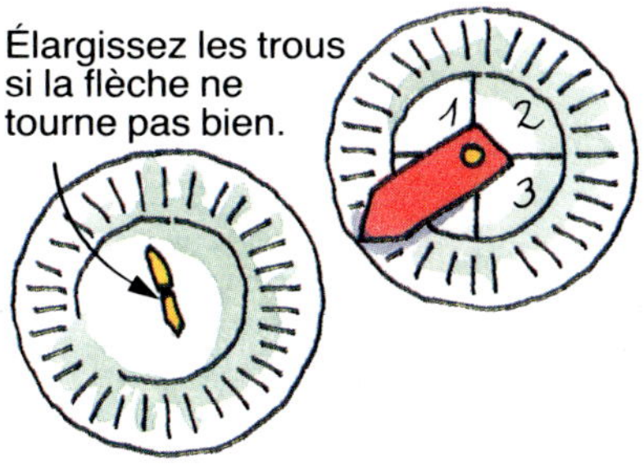

Faites passer l'attache parisienne à travers la flèche et le centre de l'assiette et ouvrez ses ailettes. Vérifiez que la flèche tourne bien.

Règle du jeu

Ce jeu se joue à deux. L'idée est de faire essayer de nouvelles «paires» de chaussures à la chenille.

Posez les nouilles entre les joueurs et donnez-leur un bol chacun. Chaque joueur fait tourner la flèche à son tour, puis prend le nombre de nouilles indiqué et en chausse la chenille, une «paire» après l'autre. S'il reste une chaussure, elle est rangée dans le bol et sera comptée plus tard. Par exemple, un «4» vous donne droit à deux paires de chaussures, un «3», à une paire et à une chaussure dépareillée.

Lorsque la chenille est complètement chaussée, on compte les chaussures dépareillées de chaque bol. Celui qui en a le moins a gagné.

Le safari

Il vous faut : du carton mince blanc, un feutre épais noir, une règle, un crayon, des ciseaux à bouts ronds, deux feuilles de papier de couleur différente

Fabrication des cartes

Découpez le carton mince blanc en 8 morceaux de 4 cm sur 5 cm. Puis numérotez les cartes comme illustré et dessinez un buisson et un nuage de pluie sur les deux autres cartes.

Fabrication des tentes

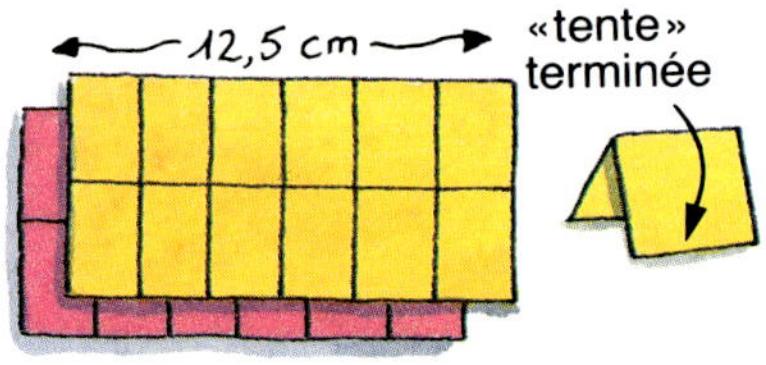

Découpez le papier en morceaux de 6 cm sur 12,5 cm. Divisez-les ensuite en 10 rectangles de 2,5 cm sur 3 cm que vous découpez. Pliez-les bord à bord dans le sens de la largeur, puis ouvrez-les légèrement pour en faire des tentes.

Règle du jeu

Ce jeu se joue à deux. Le but est de repérer le plus d'animaux possible et pour cela de planter ses tentes dans la jungle.

Chaque joueur choisit une couleur de tente. Battez les cartes et posez-les à l'envers entre les joueurs. Chacun tire une carte à son tour et la lit. Si le numéro de la carte correspond à un groupe d'animaux (par exemple, un «2» peut représenter deux lions), le joueur plante sa tente près de celui-ci. Si aucun groupe n'a le nombre d'animaux nécessaires, le joueur passe un tour.

Si la carte retournée représente un buisson, les animaux se cachent, aucune tente n'est plantée. Si le dessin est celui d'un nuage, une des tentes est emportée par les eaux et doit être enlevée.

En fin de paquet, les cartes sont battues et le jeu recommence jusqu'à ce que tous les animaux aient une tente près d'eux. Le gagnant est celui qui a planté le plus de tentes.

Notes pédagogiques

La notion de nombre peut sembler abstraite aux jeunes enfants. Ce jeu associe symboles numériques et groupes d'objets et permet de visualiser chaque chiffre et de comprendre sa valeur.

Queues de lapins

Il vous faut :

- de la colle blanche
- une raclette à colle
- des morceaux de coton roses et blancs
- du papier fort blanc
- du carton mince blanc
- des ciseaux à bouts ronds
- des feutres

Fabrication des queues des lapins

Découpez deux rectangles de papier fort blanc de 4 cm sur 5 cm. Recouvrez-les de colle en l'étalant bien et collez du coton blanc sur le premier et du coton rose sur le second.

Laissez bien sécher. Puis découpez les rectangles en petits carrés de 1 cm de côté : ce seront vos queues de lapin.

Fabrication des cartes

Découpez le carton mince en 12 cartes de 4 cm sur 5 cm. Dessinez de grandes carottes sur deux cartes. Écrivez « 1 » sur quatre cartes, « 2 » sur trois cartes, « 3 » sur deux cartes et « 4 » sur la dernière.

Notes pédagogiques

Ce jeu permet de s'entraîner à reconnaître les chiffres et à compter. Il comprend aussi un exercice élémentaire de soustraction.

Règle du jeu

Ce jeu se joue à deux. Les joueurs choisissent des queues roses ou blanches. Les cartes sont battues et empilées à l'envers. Chacun tire une carte à son tour et met des queues au nombre de lapins indiqué. Par exemple, un «3» permet de donner une queue à trois lapins.

Si une carotte est tirée, deux queues doivent être enlevées. Le jeu est fini lorsque tous les lapins ont une queue (il faut tirer un nombre juste pour pouvoir terminer). Les queues sont alors alignées pour être comptées. Celui qui a le rang le plus long a gagné.

Autres idées

Commencez avec un nombre de queues identique sur la page, puis retirez-les selon les chiffres indiqués par les cartes. Une carotte vous oblige à remettre deux queues. Le premier à avoir retiré toutes ses queues a gagné.

Avec de très jeunes enfants, servez-vous de cette image pour jouer à compter ; par exemple, comptez le nombre de lapins blancs, le nombre de lapins qui sautent, mangent, se cachent, etc.

La tarte aux cerises

Il vous faut :

Fabrication du couvercle de la tarte

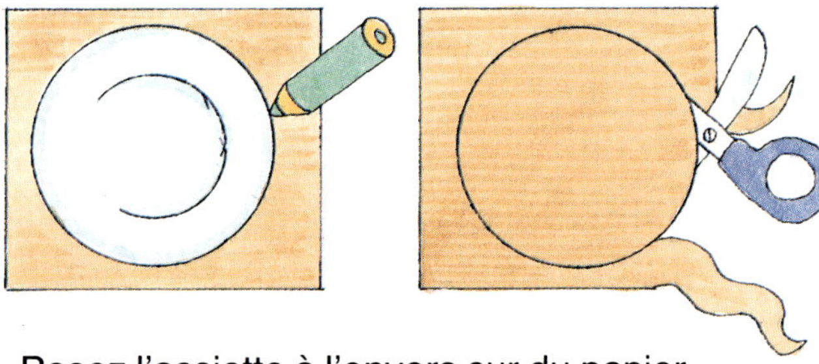

Posez l'assiette à l'envers sur du papier kraft. Puis tracez son contour et découpez le cercle ainsi formé.

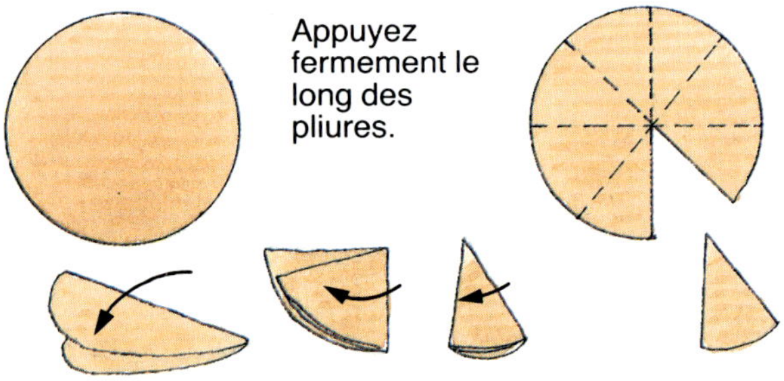

Pliez en deux, puis encore deux fois en deux, comme illustré. Ouvrez, et découpez le long des pliures pour faire huit parts de dessus de tarte.

Règle du jeu

Ce jeu de dé se joue à deux ou trois. Le but est de prendre le dernier morceau de la tarte dessinée sur la double page.

Posez toutes les parts de couvercle de tarte sur celle-ci. Chacun jette le dé à son tour, puis enlève le nombre de morceaux de tarte indiqué par le dé. La dernière part ne peut être retirée qu'avec un nombre juste. La durée de ce jeu est très variable.

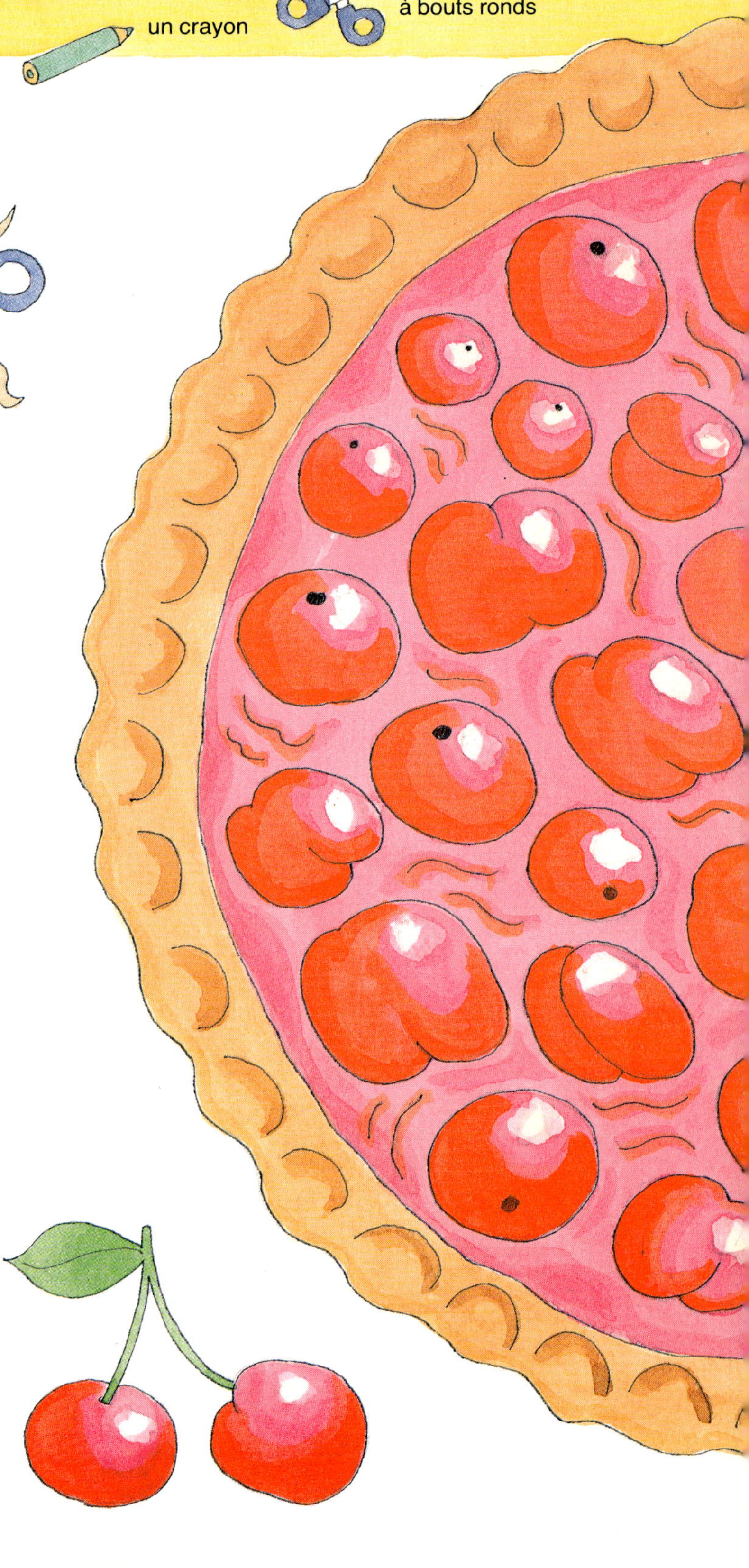

 un dé

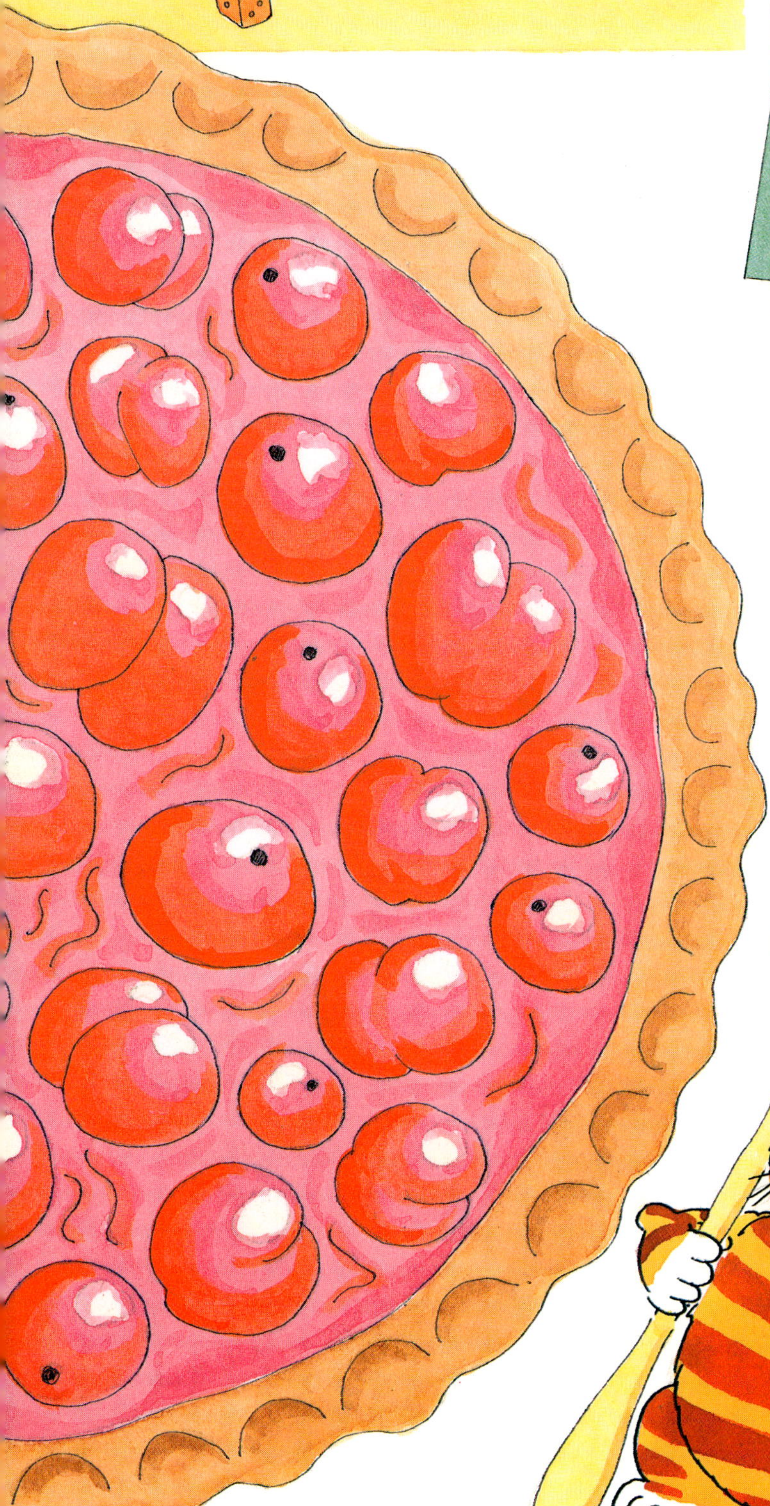

Notes pédagogiques

Ce jeu est utile pour commencer à « anticiper » les nombres. Essayez d'encourager les enfants à deviner le chiffre dont ils ont besoin pour gagner. La notion de soustraction est également introduite avec le retrait des parts et le comptage de celles qui restent.

Autres idées

Les joueurs peuvent conserver leur score en recevant un pion ou un petit cadeau chaque fois qu'ils remportent une partie. Après un nombre donné de parties, cinq par exemple, les pions sont comptés et le gagnant est celui qui en a le plus.

Vous pouvez jouer le jeu à l'envers et remettre les parts sur la tarte au lieu de les enlever.

Coin-coin !

Fabrication des mares aux canards

Calquez le canard, en appuyant fortement pour faire un trait épais.

Retournez le papier-calque et posez-le sur du papier blanc. Repassez sur les lignes, en appuyant bien.

Découpez la forme du canard, coloriez le bec en orange et dessinez les yeux. Faites un second canard.

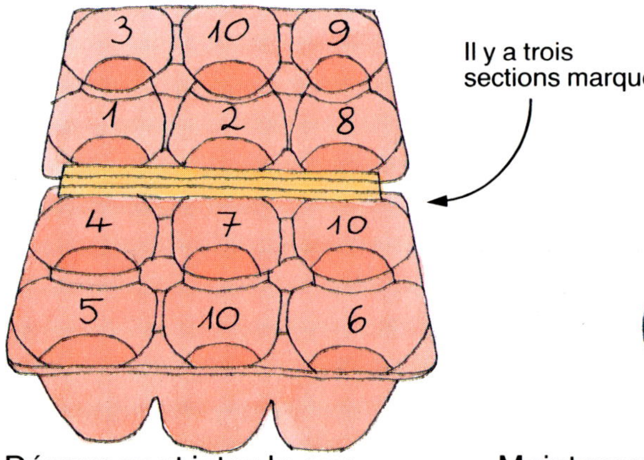

Avec du ruban adhésif, fixez chaque canard sur un verre, à 5 cm de la base. Versez quelques gouttes de colorant bleu au fond de chaque « mare ».

Découpez et jetez le couvercle de chaque boîte à œufs. Reliez les deux fonds de boîte ensemble avec du ruban adhésif. Numérotez avec le feutre noir comme illustré.

Maintenez le bout de la pelote avec du ruban adhésif. Vous pouvez aussi utiliser une petite balle en caoutchouc.

Quelques conseils

- Placez la boîte numérotée de façon que votre enfant puisse viser facilement.
- Pour aller plus vite, découpez les deux canards directement dans du papier-calque et coloriez-les en jaune.
- Vous pouvez raccourcir le jeu en vous servant de cuillères à soupe.

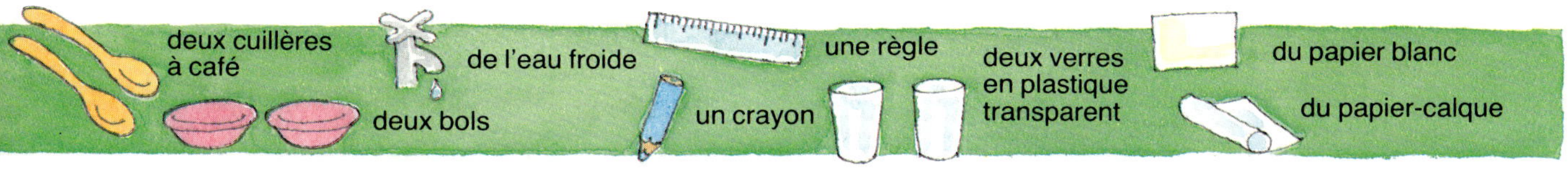

Règle du jeu

Ce jeu se joue à deux. Chaque joueur a une «mare», un bol d'eau et une cuillère et jette la balle à son tour dans une section numérotée de la boîte à œufs. Les numéros indiquent le nombre de cuillerées d'eau que le joueur peut mettre dans son verre. Le premier à remplir son verre jusqu'au canard doit crier «Coin-coin !» et a gagné. Portez des vêtements qui ne craignent pas l'eau.

Notes pédagogiques

Ce jeu aidera votre enfant à compter jusqu'à dix. Vous pouvez en profiter pour expliquer des mots comme «plus» ou «moins».

Le parking

Il vous faut : du carton mince blanc, une règle, des ciseaux à bouts ronds, des feutres

Fabrication des cartes

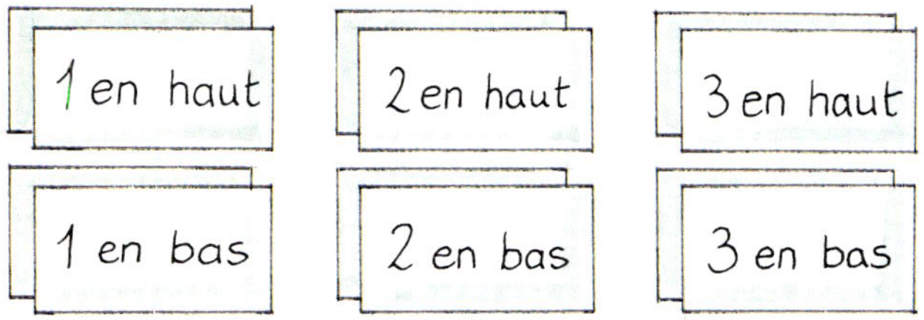

Recopiez les cartes illustrées ci-dessus, en deux exemplaires, sur 12 rectangles de 4 cm sur 5 cm, découpés dans du carton mince blanc.

Faites quatre autres cartes, de 2 cm sur 4,5 cm. Sur chacune, dessinez un camion, une voiture ou un mini-bus.

Règle du jeu

Ce jeu se joue à deux. Chaque joueur a deux cartes «voiture» et choisit l'ascenseur bleu ou le rouge. Il met une voiture sur la case DÉPART.

Les grandes cartes sont battues puis empilées à l'envers. Chacun tire une carte à son tour et déplace son véhicule vers le haut ou vers le bas selon les instructions données. Si la voiture aboutit près d'un espace vide, elle peut s'y garer et la deuxième voiture est mise sur DÉPART. Si le numéro tiré est plus élevé que le nombre de cases restantes, vous passez votre tour. Le premier qui gare ses deux véhicules a gagné.

Notes pédagogiques

Ce jeu permet à l'enfant de compter dans les deux sens en colonne, introduisant ainsi de façon pratique les premières notions de soustraction et d'addition.

Conseil

Vous pouvez utiliser des petites voitures à la place des cartes.

Matériel nécessaire

La préparation de certains des jeux présentés dans ce livre vous demandera un peu de bricolage que vous pouvez également vous amuser à faire avec votre enfant. Les pièces de jeu peuvent être rangées dans une enveloppe et plastifiées pour les protéger.

La liste du matériel nécessaire à chaque projet est donnée en haut de la page correspondante. Vous trouverez ci-dessous quelques conseils généraux à ce sujet.

Les chiffres en plastique sont souvent aimantés et sont vendus dans les magasins de jouets éducatifs. Vous pouvez aussi vous servir de petites cartes numérotées.

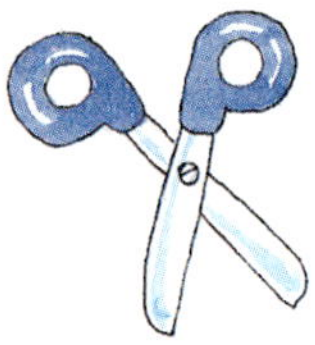

N'utilisez que des **ciseaux** à bouts ronds. Si vous vous servez de ciseaux pointus, rangez-les immédiatement après usage. Tracez des contours simples pour guider votre enfant. Si vous découpez des cartes ou des «briques» de papier, coupez d'abord une longue bande de papier et laissez l'enfant la diviser en morceaux plus petits.

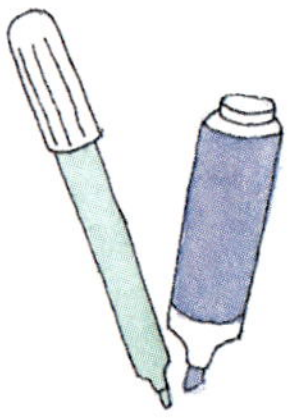

Les feutres doivent être à encre non toxique et lavable. Utilisez des feutres épais ou des feutres à pointe fine, selon la taille de votre papier. Les chiffres noirs sur papier blanc sont clairs et faciles à lire.

La colle blanche d'acétate de polyvinyle ou colle universelle n'est pas dangereuse pour votre enfant. Elle s'achète dans les papeteries et dans les magasins de jouets éducatifs. Bien qu'elle soit lavable, il est préférable de porter un tablier ou une blouse pour protéger vos vêtements des bavures possibles. Si vous éclaboussez un vêtement, faites-le tremper dans de l'eau froide. Cette colle devient transparente en séchant. Elle peut ainsi être utilisée comme vernis ou être mélangée avec de la peinture pour l'épaissir. Les bâtons de colle sont pratiques pour les petites surfaces.

Lorsque vous collez de petites pièces, des bouts de laine par exemple, faites-les tremper dans une assiette de colle au lieu de vous servir du pinceau.

Le carton mince peut être acheté dans les magasins de fournitures pour artistes ou dans les papeteries. Le bristol convient également. Assurez-vous que les chiffres des cartes ne sont pas visibles à l'envers.

Les papiers de couleur peuvent être des emballages cadeaux récupérés. Des chutes de papier peint ont souvent des couleurs et des motifs contrastés. Vous pouvez aussi peindre du bristol avec de la peinture mélangée à de la colle blanche.

Utilisez de la **peinture** à l'eau non toxique. Mélangez-la ou diluez-la dans de vieilles assiettes et utilisez de vieux pots à confiture pour mettre l'eau.

La pâte à modeler est disponible dans les magasins de jouets et dans les papeteries. Vous pouvez aussi utiliser de la pâte à tarte non cuite colorée avec un colorant alimentaire ou faire de la pâte à sel en mélangeant farine, sel et eau.

Les sacs : rappelez à vos enfants de ne jamais mettre la tête dans un sac.